알면 더 맛있는, 조미료 사전

Original Japanese title: SHITTE OISHII CHOMIRYO JITEN
Copyright © Jitsugyo no Nihon Sha, Ltd. 2020
Original Japanese edition published by Jitsugyo no Nihon Sha, Ltd.
Korean traslation rights arranged with Jitsugyo no Nihon Sha, Ltd.
through The English Agency (Japan) Ltd. and Eric Yang Agency, Inc

이 책의 한국어판 저작권은 EYA(Eric Yang Agency)를 통한
Jitsugyo no Nihon Sha, Ltd.와의 독점계약으로 북커스(BOOKERS)가 소유합니다.
저작권법에 의하여 한국 내에서 보호를 받는 저작물이므로 무단전재 및 복제를 금합니다.

SEASONING

알면 더 맛있는, 조미료 사전

실업지일본사 글
이승원 옮김

BOOKERS

Contents

조미료 상식 이야기   6

간장

간장 상식 이야기	10
고이쿠치 쇼유	14
우스쿠치 쇼유	15
타마리 쇼유	16
사이시코미 쇼유	17
시로 쇼유	18
다시 쇼유(맛간장) / 사시미 쇼유(회 간장)	19
간장	20
생추 / 노추	21
케찹마니스	22
시야오	23
숏쓰루	24
이시루 / 이카나고 쇼유	25
남쁠라	26
위루 / 느억맘	27
남빠 / 부두	28
툭트레이 / 콜라투라	29
시시비시오(육장) / 쿠사비시오(초장)	30
column 미림의 올바른 사용법	31
column 맛술의 올바른 사용법	32
column 이리자케를 사용한 레시피	33

소금

소금 상식 이야기	36
천일염 / 히라가마 소금	38
자연 해염 가공 / 정제염	39
핑크솔트 / 크리스털솔트	40
안데스 핑크솔트 / 칼라나마크	41
몽골 암염 / 블루솔트	42
사해 소금	43
우유니 소금사막	44
해조소금 / 산소금	45
트러플 소금	46
허브 소금	47
column 일본의 소금 제조 역사	48
column 일본인과 소금 문화	49

식초

식초 상식 이야기	52
쌀식초	54
술지게미식초	55
흑초	56
향초	57
보리흑초 / 율무식초	58
맥아식초 / 백식초	59
발사믹식초	60
와인식초	61
애플사이다식초	62
폰즈	63
니하이즈 · 산바이즈 / 도사즈	64
column 과일식초 만드는 법	65

설탕

설탕 상식 이야기	68
그래뉼러당	70
정백당 / 황설탕	71
상백당(백설탕) / 삼온당	72
머스코바도	73
케인 슈거	74
비트 슈거	75
팜슈거	76
메이플슈거	77

미소된장

미소된장 상식 이야기	80
고메미소	82
무기미소	83
마메미소	84
모로미미소	85
소테츠미소	86
column 누룩소금 만드는 법	87

장

장 상식 이야기	90
두반장	91
첨면장	92
지마장	93
해선장	94
하장	95
라자오장	96
두시장 / 계화장	97
사차장 / XO소스	98
마라장 / 루주 소스	99
고추장	100
된장	101
쌈장	102
column 고추기름 만드는 법	103

소스

소스 상식 이야기	106
우스터소스	108
우스터소스(중농 · 돈가스)	109
굴소스	110
마요네즈	111
아이올리 소스	112
토마토케첩	113
바비큐소스	114
타바스코페퍼소스	115
칠리소스	116
삼발 소스	117
칵테일소스	118
타르타르소스	119
베샤멜소스	120
토마토소스	121
살사 소스	122
그레이비소스	123
호스래디시 소스	124
머스터드	125
망고 처트니	126
트케말리	127
하리사	128
아지카	129

맛국물

맛국물 상식 이야기	132
가쓰오부시 다시 / 니보시 다시	133
다시마 국물 / 표고버섯 국물	134
부용 / 소 뼈 육수	135
돼지 뼈 육수 / 닭 뼈 육수	136
새우 다시 / 가리비 다시	137

샐러드드레싱

샐러드드레싱 상식 이야기	140
사우전드 아일랜드 드레싱 / 이탈리안드레싱	141
프렌치드레싱	142
시저드레싱 / 코울슬로드레싱	143
일본식 드레싱 / 참깨드레싱	144
랜치드레싱 / 러시안드레싱	145

찾아보기	146
미주	150

✣ Knowledge of Seasoning ✣
조미료 상식 이야기

조미료란

조미료는 식재료 및 요리에 맛이나 풍미를 보태는 재료를 통틀어 이르는 말이다. 용도에 따라 크게 두 가지로 나뉜다. 하나는 요리를 만들 때 단맛, 짠맛, 신맛, 쓴맛, 매운맛, 감칠맛이 나는 조미료를 배합하여, 맛과 풍미를 더하고 식재료의 참맛을 끌어올리며 본래 특성 등을 살리고 보존성을 높이는 부재료 용도이다. 다른 하나는 음식을 먹을 때 기호에 맞게 맛을 조절하는 조미료 용도이다.

조미료의 종류

기본 조미료에는 소금, 설탕, 식초, 간장, 된장, 맛술이 있고 아울러 지역마다 풍토에 맞는 다종다양한 조미료가 존재한다. 이 책에서는 맛국물도 조미료의 하나로 소개한다. 전 세계의 각기 다른 문화, 기후, 특산물 등만큼 기본 조미료 및 각종 향신료의 가짓수 또한 매우 방대하다.

조미료로 맛 내는 순서

기본 조미료를 넣는 타이밍

일본 요리의 대표적인 조미 법칙에 '사시스세소(さしすせそ)'가 있다. 다섯 가지 기본 조미료인 사토(さとう, 설탕), 시오(しお, 소금), 스(す, 식초), 세유(せゆう, 쇼유의 고어, 간장), 미소(みそ, 된장)의 머리글자를 따서 재료에 맛이 효율적으로 스며드는 순서대로 나열한 것인데 이 순서가 일본어 오십음도의 사행(サ行)과 일치하여 만들어진 일종의 언어유희다.

이 순서에서 가장 중요한 것은 설탕이다. 설탕이 들어가는 요리는 어떤 경우라도 반드시 설탕(단맛)부터 넣어 조미한다. 분자 크기가 비교적 큰 설탕의 단맛이 재료에 흡수되기까지 시간이 걸리기도 하지만, 분자 크기가 더 작은 소금을 먼저 넣으면 재료가 수축하여 설탕이 흡수되지 못하기 때문이다.

식초와 간장, 된장은 주로 풍미나 향을 더하는 용도로 사용한다. 그중에서 식초는 넣은 뒤에 살짝 끓여야 하므로 먼저 넣는다. 식초는 잡냄새를 없애고 보존성을 높이지만 산미가 도드라지지 않도록 한소끔 끓여서 풍미를 부드럽게 만든다. 마지막으로 열에 약한 간장과 된장을 넣는다.

간장은 요리에 따라 넣는 타이밍이 달라지는데 잘 눌어붙으니 센 불에서 조리하지 않는다. 간장을 넣고 오래 가열해야 할 때는 여러 번 나눠 넣으면 풍미를 살릴 수 있다. 가열하면 풍미와 향이 가장 쉽게 변하는 된장은 불을 끄기 직전에 넣는 것이 제일 이상적이다.

맛술, 미림 넣는 타이밍

맛술과 미림은 '사시스세소'에 포함되지 않지만 일본 요리를 할 때 없어서는 안 되는 조미료다. 맛술은 재료의 잡냄새를 없애고 맛이 잘 배어들게 한다. 그래서 어떤 조미료보다도 먼저 넣는 것이 좋다. 알코올이 함유된 본(本) 미림도 마찬가지로 먼저 넣는다. 이 두 가지는 '사시스세소' 앞에 넣는다고 기억해두자. 윤기와 풍부한 맛을 위해 넣는 미림식 조미료는 불 끄기 직전에 마무리로 사용하기를 추천한다.

조미료의 역사

소금

소금의 유래는 기원전 2000년경으로 거슬러 올라간다. 암염, 호수염이 풍부한 나라에서 비교적 이른 시대부터 사용했을 것으로 추측된다. 일본에서는 조몬 시대(기원전 14,000~13,000년부터 1,000~300년까지)에 토기를 이용하여 해조에서 추출한 '해조소금'을 일본 소금의 기원으로 보고 있다.

식초

소금 다음으로 오래된 것은 식초다. 식초는 인류가 가공하여 만든 가장 오래된 조미료로 고대 사람들은 곡물 또는 과일이 자연적으로 초산 발효한 것이나 감귤류, 기타 과일에 함유된 산을 있는 그대로 이용했다. 염장 발효한 식재료에 신맛을 첨가하면 맛이 순해진다는 점에서 신맛이 오래 전부터 이용되었다고 미루어 짐작할 수 있다.

설탕

기원전 4세기에 인도에서 유래했다. 이후 페르시아, 이집트 등을 거쳐 중국으로 건너갔다. 나라 시대(710~794년)에 중국에서 일본으로 전해졌으나 워낙 귀했기 때문에 메이지 시대(1868~1912년) 무렵에서야 일반 서민에게도 보급되었다.

장, 간장, 된장

고대 일본에서는 식재료를 소금에 절인 히시오라는 장을 만들어 먹었다. 고기, 생선, 채소나 해초, 곡물을 이용해서 각각 육장(肉醬), 어장(魚醬), 초장(草醬), 곡장(穀醬)을 만들었다. 콩은 곡물의 일종이므로 된장은 곡장에 해당한다. 된장에서 파생된 액상 부산물이 간장이다.

소스

서양 소스의 역사는 머스터드의 원형 격인 조미료가 사용되던 기원전으로 거슬러 올라간다. 13세기 무렵에는 고기와 생선에 호스래디시 소스를 곁들였고, 프랑스 요리의 기본 소스인 베샤멜소스는 17세기에 개발되었다. 1835년 영국에서는 훗날 일본 우스터소스의 모델이 된 리앤페린스(Lea & Perrins) 우스터소스가 탄생했다.

맛국물

일본에서는 조몬 시대(선사 시대)에 식재료를 익혀 먹게 되는 과정에서 우린 국물, 즉 다시라는 개념이 생겨났다. 무로마치 시대(1336~1573년)에는 현대의 가쓰오부시 국물과 비슷한 맛국물이 사용되었다.

샐러드드레싱

프렌치드레싱처럼 기름과 식초를 유화시킨 형태의 조미료는 고대 로마 시대부터 존재했다. 19세기에는 미국에서 다양한 샐러드드레싱을 만들어내기 시작했다.

간장 *Soy Sauce*

부엌과 식탁에 빼놓을 수 없는 조미료

- ◆ 고이쿠치 쇼유
- ◆ 우스쿠치 쇼유
- ◆ 타마리 쇼유
- ◆ 사이시코미 쇼유
- ◆ 시로 쇼유
- ◆ 다시 쇼유(맛간장)
- ◆ 사시미 쇼유(회 간장)
- ◆ 간장
- ◆ 생추
- ◆ 노추
- ◆ 케찹마니스
- ◆ 시야오
- ◆ 숏쓰루
- ◆ 이시루
- ◆ 이카나고 쇼유
- ◆ 남쁠라
- ◆ 위루
- ◆ 느억맘
- ◆ 남빠
- ◆ 부두
- ◆ 툭트레이
- ◆ 콜라투라
- ◆ 시시비시오(육장)
- ◆ 쿠사비시오(초장)

✥ Knowledge of Soy Sauce ✥
간장 상식 이야기

일본간장 쇼유

쇼유는 누룩곰팡이의 하나인 고지균으로 콩을 발효 숙성시켜 만든 일본의 독자적인 액체 조미료다. 1963년 제정된 일본 농림 규격(JAS)에서는 제조 방법과 원료, 특징에 따라 고이쿠치, 우스쿠치, 타마리, 사이시코미, 시로의 다섯 종류로 분류하고 있다.

일본 혹은 여러 나라에서 오래전부터 만들어 온 어장이나 육장 등은 엄밀히 말하면 간장이 아니지만, 이 책에서는 간장 계열의 조미료로 소개한다.

고대의 발효식품 '장'

4가지 종류의 장

누룩과 소금으로 음식물을 발효시켜서 만드는 조미료를 장이라고 하며 일본에서는 '히시오'라고 부른다. 감칠맛 성분이 응축된 장은 사용하는 원료에 따라 네 종류로 구분한다. 곡장은 콩이나 팥 같은 곡물을 원료로 만들며 우리가 일상적으로 쓰는 간장 역시 곡장에 해당한다. 육장은 고기, 어장은 생선, 초장은 채소나 과일 등을 원료로 사용한다.

중국에서 일본으로

장이 처음 문헌에 등장하는 것은 지금으로부터 약 3천 년 전 고대 중국으로, 주나라의 경서인 『주례(周禮)』 기록이 있다. 당시의 장은 주로 고기나 생선을 소금과 누룩, 술에 담가서 발효시킨 식품으로 지금의 젓갈에 가까워 보인다. 한편 일본에서는 조몬 시대 후기부터 야요이 시대(기원전 400년 전후부터 서기 300년 전후까지) 중기에 걸친 주거유적지에서 장과 유사한 흔적이 출토되었다. 일본에서 본격적으로 장을 만들기 시작하는 때는 5세기경이며 중국에서는 당장(唐醬, 가라비시오), 한반도에서는 고려장(高麗醬, 고마비시오)의 제조법이 전해졌다. 이후 일본만의 독자적인 장으로 발전하였고 헤이안 시대(794~1185년)에는 장을 제조하고 판매하는 사람이 나타났다.

쇼유의 등장

가마쿠라 시대에 등장한 '타마리'

가마쿠라 시대(1185~1333년)에 접어들면서 쇼

유의 원형인 '타마리'가 등장했다. 타마리는 미소된장에서 분리한 액상 조미료를 가리킨다. 기원에 대해서는 중국에서 전래했다는 설과 미소된장 제조법을 착각하여 우연히 얻게 되었다는 설 등이 있다. '쇼유'라는 말이 처음으로 일본 문헌에 등장하는 때는 무로마치 시대로, 이 무렵에 타마리 쇼유의 원형이 완성되어 긴키와 사누키를 중심으로 한 서일본지역에서 제조가 이루어졌다.

에도 시대(1603~1867년)에는 전국 각지로 유통

17세기에 에도 막부가 열리면서 물자의 유통이 활발해지자 에도(도쿄의 옛 이름)까지 타마리 쇼유가 보급되었다. 서일본에서 만들어 에도로 보내는 간장을 가리키는 '구다리 쇼유'가 주류를 이루다가, 오래지 않아 에도 인근의 '아와'와 '가즈사(각각 현재의 지바현 남부와 중부)', '시모사(현재의 지바현 북부 및 이바라키현 일부)' 등지에서 만든 '간토 지마와리 쇼유(고이쿠치 쇼유)'가 구다리 쇼유의 공급을 웃돌게 되었다. 구다리 쇼유는 우스쿠치 쇼유와 완전히 다른 별개의 것으로 타마리 쇼유와 고이쿠치 쇼유의 중간 정도에 해당하는 간장이다.

이 구다리 쇼유를 원형으로 삼아 고이쿠치 쇼유를 만들면서 제조공정 과정을 대폭 단축할 수 있었다. 일본의 쇼유를 수출하게 된 시기도 이 무렵이다.

고이쿠치 쇼유의 대두

간토에서 만들어진 고이쿠치 쇼유는 생산량을 서서히 늘려가다가 메이지 시대에 서일본의 쇼유를 완전히 앞질렀다. '고이쿠치'라는 단어가 처음 등장한 문헌은 1918년 간행된 요리 고서『할팽교과서(割烹教科書)』[1]로 그렇게 오래전은 아니다.

1926년 이후 제조방식이 근대화되면서 생산성이 높아지고 품질은 더욱 안정되었다.

간장

간장 상식 이야기

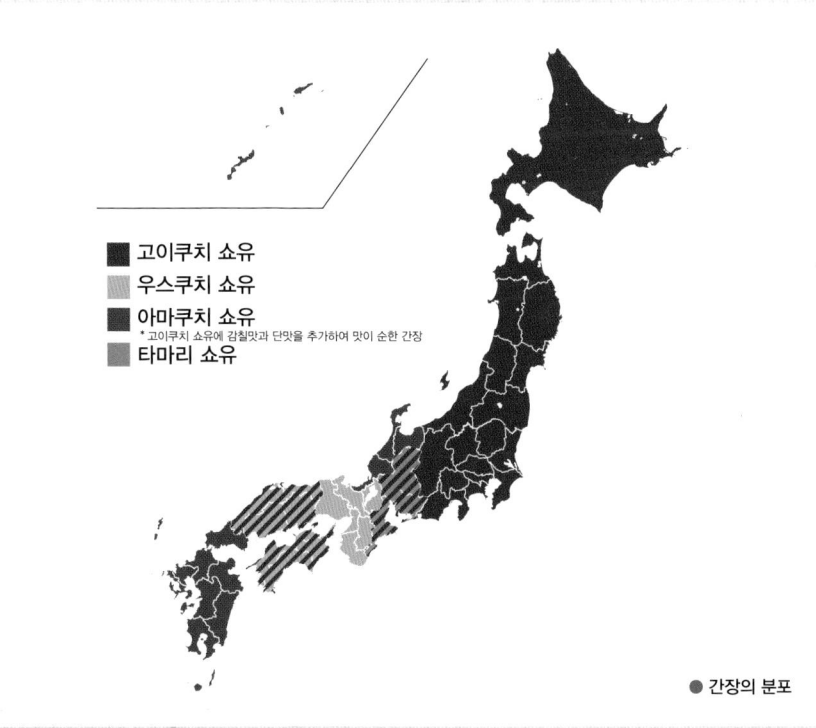

■ 고이쿠치 쇼유
▨ 우스쿠치 쇼유
■ 아마쿠치 쇼유
  * 고이쿠치 쇼유에 감칠맛과 단맛을 추가하여 맛이 순한 간장
■ 타마리 쇼유

● 간장의 분포

일본 쇼유의 제조공정[2]

여기서는 '본양조(本釀造) 방식'이라고 부르는 전통적인 쇼유 제조법을 소개한다.

삶은 콩과 볶아서 빻은 밀을 섞고 종국을 첨가하여 쇼유 고지(麴, 누룩)를 만든다. 만든 고지(누룩)를 소금물과 함께 큰 통에 담아서 거르기 전 상태의 모로미(諸味)[2]을 만들고, 휘저어가면서 6개월~1년 이상 숙성시킨다. 숙성된 모로미를 면포에 싸서 간장을 짜내고 가열한다. 시간을 들여서 천천히 압착하면 맛있는 쇼유가 완성된다.

혼합	삶은 콩과 볶은 후에 빻은 밀을 섞는다.
제국	종국(누룩)을 넣고 고온다습한 제국실(누룩방)에 이틀 정도 두어서 쇼유 고지를 만든다.
발효·숙성	쇼유 고지와 소금물을 혼합하여 모로미를 만들고, 휘저어가면서 숙성시킨다. 숙성이 진행되면 모로미는 죽 상태로 변하고 색이 진해진다.
압착	숙성된 모로미를 면포에 싸서 며칠 동안 서서히 압착하여 고체와 액체로 분리한다. 이렇게 분리된 액체가 기아게쇼유, 즉 날간장이다.
가열	기아게쇼유를 가열 살균한다. 가열함으로써 미생물의 활동을 억제하고 색, 맛, 향을 조절한다.
여과	가열로 분해되지 않은 단백질, 유산균, 효모균 등의 침전물을 제거한다.
포장	품질 검사 후 용기에 담아서 완성한다.

어장(피시소스)의 제조공정

지역마다 제조법은 다르지만 주로 생선을 염장 발효하여 액체를 추출한다.

작은 물고기는 통째로, 큰 물고기는 잘라서 소금과 섞는다. 휘저어가면서 수개월에서 1년 정도 발효 숙성한다. 생선에 함유된 효소로 자연 발효시키는 방법이 일반적이지만 누룩을 넣거나 효소제를 투입해서 발효를 촉진하기도 한다. 생선이 숙성되어 페이스트 상태가 되면 면포에 거르고 압착하여 나온 액체를 가열한다.

간장 | 간장 상식 이야기

혼합 — 생선(또는 오징어, 새우 등) 양의 20~30% 무게의 소금을 준비하여 섞는다.

발효·숙성 — 소금에 절인 생선을 휘저어가면서 수개월에서 1년 정도 숙성시킨다. 숙성이 진행되면 생선의 형태가 뭉크러지면서 액체화된다.

압착 — 액체화된 생선을 면포에 싸서 서서히 압착한다.

가열 — 압착하여 나온 액체를 가열 살균한다. 가열함으로써 미생물의 활동을 억제한다.

여과 — 거름망이 막히지 않도록 위에 뜬 지방분을 제거하고 걸러 낸다. 여과하여 단백질 등의 침전물을 제거할 수 있다.

포장 — 품질 검사 후 용기에 담아서 완성한다.

Koikuchi Shoyu

고이쿠치 쇼유

홋카이도에서 오키나와까지
일본인에게 친숙한 만능 간장

조리 예

▲ 고이쿠치 쇼유를 넣으면 호박의 단맛이 도드라진다

DATA

- 분류　간장
- 주원료　콩, 밀
- 발상지　일본(간토 지방)
- 발상 연대　에도 시대

한 줄 메모
고이쿠치 쇼유는 우스쿠치 쇼유보다 염분 농도가 2% 정도 낮다.

이름처럼 색이 진한 고이쿠치 쇼유는 에도 시대 중기에 간토 지방에서 생겨난 간장이다. 간토에서는 등 푸른 생선, 비린내가 강한 생선의 어획량이 많았기 때문에 냄새를 없애주는 향이 진한 고이쿠치 쇼유를 선호했다.

일반적으로 쇼유라고 하면 고이쿠치 쇼유를 가리키며, 일본 쇼유 생산량의 80% 이상을 차지한다. 다양한 요리에 간을 할 때 사용하고 색과 향을 낼 때도 좋다. 콩과 밀의 비율은 반반이며 염분 농도는 16~18% 정도다. 특히 유명한 산지로는 도네강을 통해 수상 운송이 가능했던 지바현의 노다시와 조시시, 기후·풍토가 가장 적합한 가가와현 쇼도섬 등이 있다.

Usukuchi Shoyu

우스쿠치 쇼유

교토 전통 요리에 없어서는 안 될
식재료 본연의 맛을 돋우는 간장

▲ 재료의 색을 살리는 데 안성맞춤(예 닭고기 채소 조림인 '지쿠젠니')

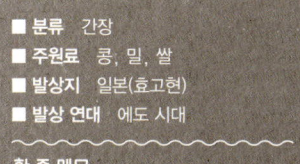

DATA

- 분류　간장
- 주원료　콩, 밀, 쌀
- 발상지　일본(효고현)
- 발상 연대　에도 시대

한 줄 메모
우스쿠치 쇼유를 담그는 기간은 고이쿠치 쇼유보다 30% 정도 짧다.

1666년에 다쓰노(현재의 효고현)에서 마루오 마고에몬이라는 사람이 개발한 연한색 간장을 우스쿠치 쇼유의 기원으로 본다. 고농도의 소금으로 발효와 숙성을 억제하고 단기간에 양조하기 때문에 고이쿠치 쇼유보다 염분 농도가 2% 정도 높고 향은 약하다. 생산 공정의 마지막 단계에 감미음료인 아마자케(감주)를 넣음으로써 감칠맛이 진해지고 풍미가 풍부한 간장이 된다. 특히 긴키 지방에서 많이 사용하며 국물 요리나 조림처럼 식재료의 색과 국물의 풍미를 살리고 싶은 요리에 최적이다.

　우스쿠치 쇼유는 짠맛이 약한 간장이 아니라 맛이 짜고 색이 연한 간장이라는 사실을 기억해두자.

Tamari Shoyu

타마리 쇼유

쇼유의 원형이 된
걸쭉하고 진한 맛

조리 예

▲ 가열하면 붉은빛의 윤기가 흐른다

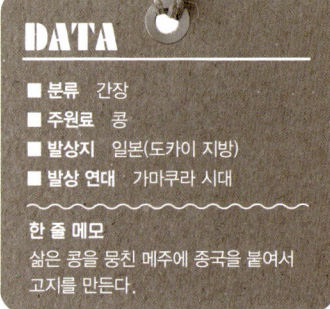

DATA

- 분류　간장
- 주원료　콩
- 발상지　일본(도카이 지방)
- 발상 연대　가마쿠라 시대

한 줄 메모
삶은 콩을 뭉친 메주에 종국을 붙여서 고지를 만든다.

도카이 지방의 특산품으로 밀을 거의 사용하지 않고 콩을 주원료로 만든다. 색이 짙으며 걸쭉하고 진한 맛과 감칠맛이 특징이다. 타마리 쇼유의 기원에는 여러 가지 설이 있지만, 가마쿠라 시대에 중국으로부터 전래한 된장에서 우러난 물을 조미료로 사용한 데서 유래했다는 설이 유력하다.

일반에 널리 보급된 에도 시대 중기에는 쇼유라고 하면 타마리 쇼유를 가리켰다. 그러나 생산량이 수요에 미치지 못하면서 고이쿠치 쇼유가 개발되었다. 현재 타마리 쇼유의 생산량은 전체 간장의 2% 정도다. 생선회나 초밥, 데리야키와 조림, 전병과자 등의 가공용으로 많이 사용된다.

Saishikomi Shoyu

사이시코미 쇼유

숙성기간이 길어
맛이 풍부한 찍어 먹는 간장

조리 예

▲ 요리일수록 사이시코미 쇼유의 감칠맛이 잘 느껴진다

DATA

- 분류 간장
- 주원료 콩, 밀
- 발상지 일본(야마구치현)
- 발상 연대 에도 시대

한 줄 메모
명품 간장을 지향하는 소규모 업체에서 주로 생산하는 추세다.

간장을 담글 때 소금물 대신 가열하지 않은 생간장이나 일반 간장을 사용하며 감로(甘露, 단 이슬) 쇼유, 회 간장이라고도 한다. 고이쿠치 쇼유보다 2배의 원료와 기간이 필요해서 가격이 비싸지만 깊고 풍부한 맛과 은은한 단맛이 있어서 생선회처럼 음식을 찍어 먹는 용도의 간장으로 제격이다.

1781년 구가군 야나이쓰(현재의 야마구치현 야나이시)에서 개발되었으며, 공물로 받아 맛을 본 이와쿠니 번주가 "감로구나, 감로야"라고 크게 칭찬하여 감로 쇼유라고 부르게 되었다. 생산량은 1%에 불과하지만, 현재까지도 야나이에서는 그 당시 제조법 그대로 사이시코미 쇼유를 만들고 있다.

간장 / 시로 쇼유

시로 쇼유

Shiro Shoyu

엷은 호박색이 아름다운
단맛이 강한 간장

조리 예

▲ 자완무시처럼 색깔 변화 없이 맛만 내고 싶은 요리에 최적이다

DATA

- 분류   간장
- 주원료 밀
- 발상지 일본(도카이 지방)
- 발상 연대 에도 시대

한 줄 메모
찐 밀과 소량의 볶은 콩을 사용하고 가열처리는 하지 않는다.

일본의 간장 생산량의 0.6%에 불과한 시로 쇼유는 아이치현 헤키난시의 특산품이다. 에도 시대에 긴잔지미소[3]를 만드는 과정에서 나온 물을 조미료로 사용한 것에서 유래한다. 아이치현의 또 다른 특산품인 타마리 쇼유와는 다르게 주원료는 밀이고 콩은 거의 넣지 않는다. 또한 연한 색을 내기 위해 양조 기간이 3개월로 짧다. 담백하면서 단맛이 강하고 독특한 향이 있다.

의도적으로 감칠맛이나 깊은 맛을 억제했기 때문에 일본식 영양솥밥인 다키코미고한이나 일식 달걀찜 자완무시 등 각종 국물 및 달걀말이처럼 식재료 본연의 풍미와 색을 살리는 요리에 적당하다. 의외로 염분이 18%나 되므로 많이 넣지 않도록 주의한다.

다시 쇼유(맛간장)

Dashi Shoyu

가쓰오부시, 다시마 등을 넣은 풍미 풍부한 간장

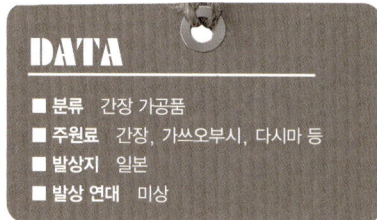

DATA
- **분류** 간장 가공품
- **주원료** 간장, 가쓰오부시, 다시마 등
- **발상지** 일본
- **발상 연대** 미상

간장에 여러 가지 맛국물을 혼합하여 만든다. 맛국물의 향과 감칠맛이 요리에 깊이를 더해 주어 간장과 마찬가지로 폭넓게 쓸 수 있다. 일본 각지에 가쓰오부시, 다시마, 날치, 굴, 성게알, 가리비, 표고버섯, 마른 멸치 등으로 만든 다양한 맛간장이 있으니 기호와 재료에 따라 골라서 사용한다. 집에서도 간단히 만들 수 있다.

사시미 쇼유(회 간장)

Sashimi Shoyu

풍성한 감칠맛, 생선회의 맛을 돋워주는 진한 간장

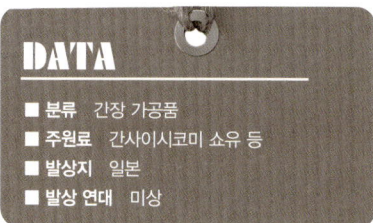

DATA
- **분류** 간장 가공품
- **주원료** 간사이시코미 쇼유 등
- **발상지** 일본
- **발상 연대** 미상

사시미 쇼유를 회 간장이라고 부르기도 하지만, 일반적으로 많이 유통되는 회 간장은 타마리 쇼유나 사이시코미 쇼유에 맛국물이나 감미료 등을 첨가한 간장 가공품이다. 식재료에 잘 배어 생선회의 맛이 도드라진다. 회 이외에 간장 달걀밥을 먹을 때 뿌려도 맛있다.

Ganjang

간장

예로부터 전해 내려오는
한국 요리의 필수 조미료

조리 예

▲ 꽃게를 간장에 담가 만든 간장게장

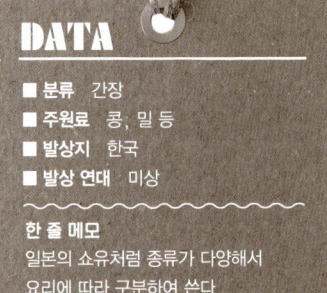

DATA

- **분류** 간장
- **주원료** 콩, 밀 등
- **발상지** 한국
- **발상 연대** 미상

한 줄 메모
일본의 쇼유처럼 종류가 다양해서 요리에 따라 구분하여 쓴다.

한국에서는 오래전부터 간장을 담가 왔다. 제조공정에 따라 전통 방식으로 만드는 재래식 간장과 1950년대를 기점으로 대량 생산이 시작된 개량간장으로 나눌 수 있다. 개량간장의 하나인 양조간장은 일본간장을 뜻하는 왜간장이라고도 하는데 제조법이 일본에서 전해졌기 때문이다.

가정에서는 주로 세 종류의 간장을 사용하고 요리마다 구분해서 쓴다. 국간장[4]은 일본의 우스쿠치 쇼유와 비슷하며 염분 농도가 높고 색이 연하다. 진간장[5]은 단맛이 강하고 가열하는 요리에 적합하다. 양조간장은 풍미가 풍부해서 생선회나 뿌려 먹는 간장으로 안성맞춤이다.

생추

Shengchou

순한 짠맛이 맛깔스러운 중화요리의 기본 조미료

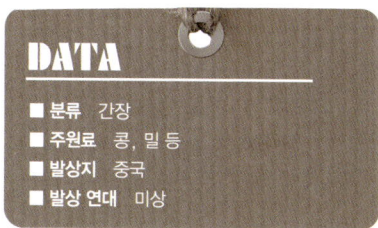

DATA
- 분류　간장
- 주원료　콩, 밀 등
- 발상지　중국
- 발상 연대　미상

연한 적갈색의 생추는 중국 광둥성과 홍콩에서 일상적으로 사용하는 간장이고 볶음이나 찜 등의 양념으로 쓰인다. 콩과 밀가루에 쌀누룩과 소금물을 넣고 섞은 뒤 약 3개월간 발효시켜 만든다. 보기와 달리 짠맛이 강하니 우스쿠치 쇼유 넣듯이 쓰지 않도록 주의한다.

노추

Laochou

캐러멜을 넣어 단맛이 강한 간장

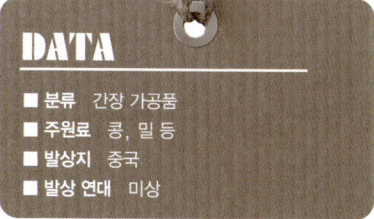

DATA
- 분류　간장 가공품
- 주원료　콩, 밀 등
- 발상지　중국
- 발상 연대　미상

중국의 타마리 쇼유라고도 불리는 노추는 매끄럽고 걸쭉한 농도와 강한 단맛이 특징인 간장이다. 생추에 캐러멜을 넣고 다시 2~3개월 이상 숙성하는 복잡한 제조공정을 거쳐 농후한 간장으로 완성된다. 맛보다는 색을 낼 때 사용하는 경우가 많아서 동파육 등의 조림 요리에는 필수적이다.

Kecap Manis

케찹마니스

인도네시아 요리에 빠지지 않는
검고 진한 단맛 간장

▲ 대표적인 인도네시아 요리 나시고렝에도 사용된다

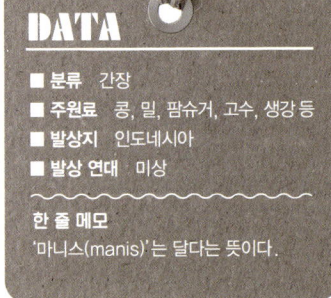

DATA

- **분류** 간장
- **주원료** 콩, 밀, 팜슈거, 고수, 생강 등
- **발상지** 인도네시아
- **발상 연대** 미상

한 줄 메모
'마니스(manis)'는 달다는 뜻이다.

인도네시아 요리에 많이 사용하는 끈적하고 달콤한 간장이다. 케찹은 인도네시아에서 소스류를 통틀어 이르는 말로, 케찹이라고 해서 토마토가 들어있는 것은 아니다(케첩과는 다르다). 발효한 콩에 팜슈거와 고수, 생강 등을 넣어 만든 케찹마니스는 인도네시아 간장 생산량의 90%를 차지한다.

주로 볶음밥인 나시고렝이나 볶음국수 미고렝 등의 양념으로 쓰인다. 또한 테이블에 비치해 두고 흰쌀밥이나 달걀프라이에 케찹마니스를 뿌려서 먹는 사람도 많다. 케찹아신(Kecap Asin)이라는 짠 간장도 있으나 케찹마니스만큼 인기 있지는 않다.

Sillao

시야오

이민자에 의해 생겨난
남미 페루의 간장

▲ 소고기와 채소를 볶고 시야우로 맛을 낸 로모 살타도

DATA

- **분류** 간장
- **주원료** 콩, 밀, 캐러멜색소 등
- **발상지** 페루
- **발상 연대** 20세기
(1957년 페루의 키코 창업)

19~20세기에 걸쳐서 많은 중국인과 일본인이 페루에 유입되면서 간장을 본뜬 조미료가 만들어져 왔다. 그중에서도 1957년에 창업한 키코(kikko)의 시야우(Siyau)[6]는 페루에서 가장 대중적인 간장 상표로 널리 유통되고 있다. 맛은 일본간장과 비슷하지만, 캐러멜 색소가 첨가되어 걸쭉한 느낌이다. 한편 페루의 키코는 일본의 기꼬만과 직접적인 관계는 없다.

이제 시야오는 페루 요리에 없어서는 안 될 필수 조미료의 하나가 되었고 페루 전통 요리 로모 살타도의 양념에도 시야오를 사용한다.

Shottsuru

숏쓰루

담백하지만 잘 응축된
생선의 감칠맛

◀ 도루묵의 또 다른 이름인 '가미나리우오(雷魚)', 한국에선 '목어(目魚)'라고도 한다.

조리 예

▲ 아키타현 명물 이나니와우동. 손으로 늘여 만든 건면우동에 숏쓰루가 맛의 비결이다

DATA

- **분류** 어장
- **주원료** 도루묵
- **발상지** 일본(아키타현)
- **발상 연대** 에도 시대 초기

한 줄 메모
1990년대에 도루묵이 잡히지 않아 생산자가 감소하였으나 최근 회복하는 추세다.

일본의 3대 어장 가운데 하나인 아키타현의 전통 어장에서 나무통에 도루묵을 담아 소금에 절이고 1년 이상 자가분해효소의 작용으로 발효시킨다. 소금 농도는 25%로 높은 편이며 성분이 잘 응축되어 있다. 도루묵 외에도 전갱이나 정어리, 고등어 등으로 만들기도 하는데 원료에 따라서 풍미가 달라진다. 도루묵 전골인 숏쓰루나베를 포함하여 라멘이나 우동 등의 국물에 많이 사용한다.

기원에 대해서 확실하게 알려진 바는 없으나 에도 시대 초기에 아키타 번주에게 공납했다는 기록이 있다. 제조업으로 발전한 것은 1895년 사토사시치쇼텐이 창업하면서부터다. 숏쓰루라는 이름은 아키타현의 방언으로 '시오지루(바닷물)', 즉 소금으로 간한 국물을 의미한다.

Ishiru

이시루

일본 바다의 해산물과
가장 잘 어울리는 어장

DATA
- 분류 어장
- 주원료 오징어, 정어리, 전갱이 등
- 발상지 일본(이시카와현)
- 발상 연대 에도 시대

이시카와현 오쿠노토에서 오래전부터 만들어 온 어장으로 '이시리' 또는 '요시루' 등으로도 불린다. 노토반도의 서쪽에서는 정어리 같은 물고기로, 동쪽에서는 오징어 내장으로 이시루를 만든다.

오징어로 만든 것은 조금 비릿하고 진한 맛이 특징이다. 소량의 누룩과 술지게미를 넣기도 한다.

Ikanago Shoyu

이카나고 쇼유

한번 맥이 끊겼던 전통의 맛
짭짤함에 중독되다

DATA
- 분류 어장
- 주원료 까나리, 오징어, 새우 등
- 발상지 일본(가가와현)
- 발상 연대 미상

까나리를 원료로 가가와현에서 만드는 어장이며 다른 어장보다 약간 짜다. 생선회를 찍어 먹거나 국물에 아주 조금만 넣어 맛을 낼 때 사용한다.

사누키가 콩과 밀을 원료로 만드는 간장의 명산지다 보니 1950년대에 이카나고 쇼유의 생산이 중단되었다. 그러나 전통의 맛을 되살리고자 최근 다시 생산을 재개하였다.

Nam Pla

남쁠라

간장 / 남쁠라

적은 양으로 제대로된 태국 요리의 맛을 즐기는
풍미 풍부한 어장

조리 예

▲ 대표적인 태국 요리 똠얌꿍에도 남쁠라가 들어간다

DATA

- 분류　어장
- 주원료　멸치 등
- 발상지　태국
- 발상 연대　20세기 초

한 줄 메모
거의 모든 태국 요리 레시피에 사용되는 기본 조미료다.

독특한 향이 특징인 남쁠라는 멸치를 소금에 절이고 6개월~2년 정도 발효시켜서 만드는 어장이다. 태국에서는 음식 맛의 균형을 잡는 용도로 요긴하게 쓰이며 약 60종류의 브랜드가 판매되고 있다. 숙성을 마치고 맨 처음 짜낸 것은 일급품으로 출하된다. 첫 번째로 짜낸 남쁠라는 나쁜 냄새가 없고 맛이 순해서 찍어 먹는 소스로 쓰기 적당하다.

역사는 비교적 짧은 편으로, 태국에 사는 중국 화교가 베트남의 어장인 느억맘을 본떠 만든 것이 시초라고 알려져 있다. 그래서 느억맘과 남쁠라는 풍미가 매우 비슷하다.

Yulu

위루

짠맛과 감칠맛이 응축된 볶음요리에 어울리는 어장

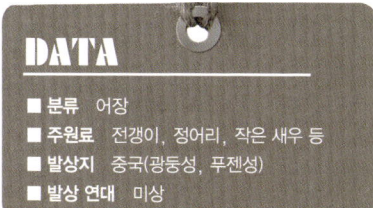

DATA
- 분류   어장
- 주원료   전갱이, 정어리, 작은 새우 등
- 발상지   중국(광둥성, 푸젠성)
- 발상 연대   미상

중국에서 생산되는 어장은 대개 위루(魚露, 액젓)라고 부르며 주로 광둥성과 푸젠성, 홍콩에서 제조한다. 염장한 작은 물고기 등을 6개월~1년 정도 발효, 숙성시킨 어장의 일종으로 활어를 사용하는 지역이 있는가 하면 건어물 상태로 말려 사용하는 지역도 있다.

독특한 발효취가 있지만 팔팔 끓이면 고약한 냄새는 거의 사라지고 감칠맛이 남는다.

Nuoc Mam

느억맘

베트남 사람들이 사랑하는 순한 맛의 어장

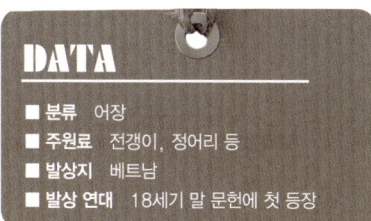

DATA
- 분류   어장
- 주원료   전갱이, 정어리 등
- 발상지   베트남
- 발상 연대   18세기 말 문헌에 첫 등장

남쁠라와 비슷하지만, 느억맘은 발효 기간이 짧고 염분농도도 낮다. 베트남은 동남아시아 중에서도 특히 어장 문화가 발달하였으며 느억맘도 200년 이상의 역사를 자랑한다.

푸꾸옥 섬에서 만드는 느억맘은 브랜드를 보호하기 위해서 EU의 원산지 명칭 보호(PDO, Protected Designation of Origin) 인정을 받았다. 우리가 월남쌈이라고 부르는 고이꾸온의 소스와 조림, 볶음 등에 폭넓게 활용할 수 있다.

Nam Paa

남빠

민물고기로 만드는 내륙국 라오스의 어장

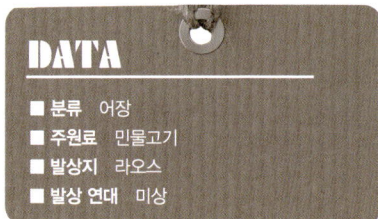

DATA
- 분류   어장
- 주원료   민물고기
- 발상지   라오스
- 발상 연대   미상

태국이나 베트남산 어장이 대부분인 라오스에도 강에서 잡은 민물고기에 소금과 쌀겨를 넣고 발효시킨 '빠덱(padek)'이라는 페이스트 상태의 조미료가 있다. 이 빠덱에서 고형물을 제거한 액체가 남빠 또는 남빠덱이라고 부르는 어장이다. 남빠는 태국식 샐러드 쏨땀 양념에 자주 사용된다.

Budu

부두

진하고 짠맛이 강한 말레이시아의 어장

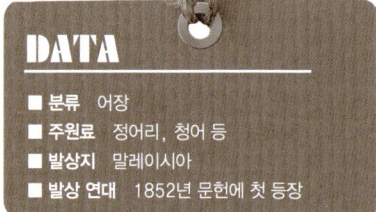

DATA
- 분류   어장
- 주원료   정어리, 청어 등
- 발상지   말레이시아
- 발상 연대   1852년 문헌에 첫 등장

말레이시아 동해안의 어장으로 가정에서도 자주 만든다. 정어리나 청어 등의 바닷물고기에 소금과 신맛이 나는 타마린드를 넣고 4~8개월 발효시킨다. 수분량이 적어 걸쭉한 편이고 짠맛이 강한 것이 특징이다.

말레이시아에는 젓새우를 원료로 한 '벨라찬(belacan)'이라는 조미료도 있는데 부두와 마찬가지로 흔하게 사용된다.

Tuk Trey

툭트레이

요리의 맛을 풍성하게 만드는
캄보디아 주방의 필수품

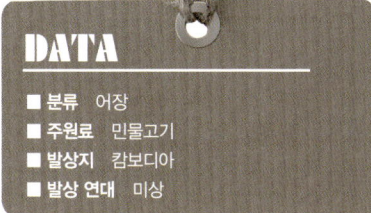

DATA
- 분류   어장
- 주원료   민물고기
- 발상지   캄보디아
- 발상 연대   미상

해안선이 짧은 캄보디아에서는 어장의 원료로 민물고기를 많이 사용한다. 툭트레이는 잉어 등의 민물고기를 발효시켜 만드는 페이스트 상태의 조미료 '프라혹(Prahok)'을 여과한 어장이다. 가물치로 만든 것을 고급으로 친다.

수프나 볶음요리 외에 스프링롤 등을 찍어 먹는다.

Colatura

콜라투라

엔초비와 비슷한 맛
있으면 편리한 이탈리아 조미료

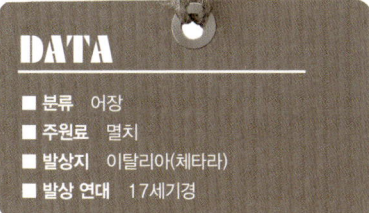

DATA
- 분류   어장
- 주원료   멸치
- 발상지   이탈리아(체타라)
- 발상 연대   17세기경

이탈리아 아말피 해안에 자리한 마을 체타라, 이곳의 특산품은 엔초비의 원료인 멸치를 발효시킨 어장이다. 고대 로마 시대에 고등어나 참치, 가다랑어 등을 원료로 만든 어장 '가룸(garum)'이 콜라투라의 원형으로 알려졌다.

삶은 파스타에 콜라투라로 간을 해서 심플하게 먹는 것을 추천한다.

Shishi Bishio

시시비시오(육장)

고기의 감칠맛을 응축한 헤이안 시대의 간장

DATA
- **분류** 육장(肉醬)
- **주원료** 닭, 돼지, 멧돼지 등
- **발상지** 중국
- **발상 연대** 기원전

시시비시오는 닭고기, 돼지고기, 멧돼지고기 등의 살코기와 내장을 소금에 또는 소금과 누룩을 함께 넣어 절이고 수개월 발효시켜서 만드는 육장(肉醬)이다. 고기의 단백질을 아미노산으로 분해하는 과정에서 감칠맛이 응축되어 곡류 등으로 만든 장과는 전혀 다른 깊고 진한 맛이 특징이다. 국물에 향을 더할 때나 볶음요리 등에 잘 맞는 조미료다.

Kusa Bishio

쿠사비시오(초장)

쓰케모노의 원형이 된 채소와 과일로 담근 장

DATA
- **분류** 초장(草醬)
- **주원료** 채소, 과일, 산야초, 해조류 등
- **발상지** 중국
- **발상 연대** 기원전

일본에 쿠사비시오가 등장한 시기는 시시비시오와 마찬가지로 일본 고대 말기인 헤이안 시대였다. 채소와 과일 외에도 산야초나 해조류 따위를 소금과 식초, 술지게미 등에 절인 쿠사비시오(초장, 草醬)는 일본의 채소절임인 쓰케모노의 원형이라고 할 수 있다. 중국 윈난성에서는 부드럽게 손질한 죽순에 소금과 누룩을 넣어 발효시킨 죽장(竹醬)이라는 조미료를 만든다. 죽장에서 죽순만 건져 말리면 멘마(죽순 절임)가 된다.

column

미림의 올바른 사용법

미림은 단맛이 나는 노란빛의 액체 타입 주류 조미료로 당분이 40~50% 함유되어 있다. 조림이나 국수장국용 간장, 장어 양념구이 소스 또는 데리야키에 윤기를 낼 때 사용한다. 미림은 크게 세 종류로 나눈다.

본 미림
원재료는 찹쌀, 쌀누룩, 양조용 알코올이다. 찐 찹쌀에 쌀누룩을 섞고 양조용 알코올을 첨가하여 40~60일 정도 숙성한 뒤에 압착, 여과하여 만든다. 알코올이 14% 정도 함유되어 있어서 일본에서는 주세 부과 대상에 해당한다.[7]

미림식 조미료
포도당이나 물엿 같은 당류에 글루탐산 등의 감칠맛 성분과 조미료, 향료를 배합하여 미림과 비슷하게 만든 조미료다. 알코올이 1% 미만으로 주세가 부과되지 않는다. 알코올을 날릴 필요가 없어서 가열하지 않는 드레싱이나 무침에 사용하기 좋다.

발효 조미료(미림 타입)
찹쌀, 쌀누룩, 알코올을 발효시키고 당류 등을 첨가한 조미료다. 알코올 함량이 8~20% 정도지만, 소금을 넣어 음용할 수 없도록 만들었기 때문에 주류에는 포함되지 않으며 주류세도 부과되지 않는다. 다만 염분이 많아서 요리에 사용할 때는 주의해야 한다.

본 미림의 효과

◆ 단맛이 고급스러워진다
본 미림은 포도당과 올리고당 등 여러 종류의 당으로 구성되어 있다. 그래서 일반 설탕보다 부드러운 단맛이 난다.

◆ 요리에 윤기를 더한다
요리 마무리 단계에 사용하면 본 미림에 함유된 복수의 당류가 재료 표면을 감싸서 요리에 윤기가 생기고 보기도 좋아진다.

◆ 뭉크러짐을 방지한다
당류와 알코올이 채소의 세포를 결합하는 펙틴과 고기나 생선 등의 근섬유가 손상되는 것을 억제하여 식재료가 뭉크러지는 것을 막아준다.

◆ 깊은 맛과 감칠맛을 내준다
찹쌀에서 나오는 감칠맛 성분인 아미노산과 펩타이드와 당류가 복잡하게 뒤얽히면서 요리에 깊고 풍성한 맛과 감칠맛이 생긴다.

◆ 맛이 빨리 스며든다
알코올은 분자가 작아서 식재료에 빠르게 침투하여 아미노산이나 유기산, 당류 등의 맛이 잘 흡수되게 한다. 그래서 요리의 양념이 빠르고 균일하게 완성된다.

◆ 식재료의 잡냄새를 없앤다
고기나 생선을 익힐 때 본 미림을 넣으면 재료에 스며든 본 미림의 알코올이 증발한다. 이때 고기나 생선의 잡냄새도 함께 증발해서 안 좋은 냄새가 사라진다.

column

맛술의 올바른 사용법

맛술과 청주의 가장 큰 차이점은 바로 소금의 첨가 여부다.
  청주는 음용을 목적으로 판매하는 순수한 술이지만 맛술에는 바닷물에 가까운 2~3% 정도의 소금이 첨가된다. 소금을 첨가하며 주류로써 마실 수 없게 되었기 때문에, 주세 과세 대상에서 제외되었으며 가격이 저렴해지는 동시에 주류판매업 면허가 없어도 판매할 수 있다. 소금뿐만 아니라 물엿이나 구연산 등의 부원료가 들어간 맛술도 있다.

맛술을 넣는 타이밍

조미료는 기본적으로 설탕, 소금, 식초, 간장, 된장, 즉 '사시스세소'의 순서로 넣는다.(6쪽 참고) 그렇다면 맛술을 넣는 타이밍은 언제일까. 맛술은 설탕보다 먼저 넣는 것이 좋다. 식재료의 잡냄새를 제거할 때는 밑손질 단계에서 사용하고, 조림처럼 재료에 맛이 속속들이 배게 할 때도 가장 먼저 맛술을 넣어주면 효과를 발휘한다.

※염분이 함유된 맛술을 사용할 때는 생각보다 음식의 간이 짜질 수 있으니 주의한다. 또한 물엿 등의 감미료가 들어 있다면 나중에 설탕이나 미림을 넣을 때 양을 조절해야 한다. 따라서 구매할 때 원재료를 정확하게 확인한다.

맛술의 효과

◆ 고기나 생선 등의 잡냄새를 제거한다

맛술에 함유된 알코올에는 고기나 생선 등의 잡냄새를 제거하는 효과가 있다. 식재료에 맛술을 직접 뿌리거나 다른 조미료와 혼합하여 그 안에 담가두면 잡냄새가 사라진다.
  또한 가열하면 알코올이 증발하면서 다른 냄새 성분도 함께 날아가는 효과도 있다.

◆ 식재료가 연해진다

고기나 생선의 근섬유에 스며든 알코올이 수분을 흡수하여 밖으로 빠져나가지 못하게 잡아둔다. 그래서 재료가 푸석해지는 것을 방지하고 연하게 만드는 효과가 있다.
  또한 맛술에 함유된 산에는 근육조직을 약화시키고 섬유 사이의 틈을 넓혀서 더 많은 수분을 저장하게 하는 작용이 있다고도 한다.

◆ 감칠맛과 풍미가 좋아진다

맛술에 함유된 포도당 및 수크로스 등이 요리에 고급스러운 단맛과 깊이를 부여한다. 그리고 맛술에 들어 있는 아미노산이며 글루탐산 같은 감칠맛 성분에는 요리에 맛과 풍미를 더하는 효과가 있다.
  가열하여 알코올 성분이 완전히 날아가면 더욱 큰 효과를 볼 수 있다.

◆ 뭉크러짐을 방지하고 맛이 빨리 밴다

맛술의 알코올과 당분이 식재료의 세포 붕괴를 막아줘서 뭉크러짐을 방지한다.
  또한 알코올은 다른 조미료보다 분자가 작고 침투성이 높아서, 알코올이 재료에 흡수될 때 다른 조미료도 잘 스며들게 하는 특징이 있다. 따라서 양념이 빨리 끝나고 조리 시간도 단축된다.

column

이리자케를 사용한 레시피

이리자케란 일본주에 다시마, 가쓰오부시, 우메보시 등을 넣고 바짝 졸인 것이다. 무로마치 시대 말기에 등장하여 간장이 보급되기 이전인 에도 시대 중기까지 널리 쓰였다.

재료
- 일본주(준마이슈가 좋다) ··· 200cc
- 가다랑어포 ··· 7g
- 우메보시 ··· 1개
- 건조 다시마 ··· 3g
- 소금 ··· 2g

만드는 법
1. 다시마를 젖은 행주로 가볍게 닦아서 이물질을 제거하고 옆면에 칼집을 넣는다.
2. 다시마를 일본주에 20~30분 담가둔다.
3. 우메보시를 넣고 절반으로 줄어들 때까지 약한 불에서 끓인다. 가볍게 끓어오르면 가쓰오부시를 넣고 약한 불에서 10분 정도 졸인다.
4. 소쿠리나 키친타월로 걸러준다.

이리자케를 사용한 추천 요리

◆ 흰살생선 카르파초

재료-3~4인분 기준
- 흰살생선(도미, 농어 등) ··· 반 마리
- 어린잎 채소 ··· 적당량
- 엑스트라버진 올리브유 ··· 적당량
- 이리자케 ··· 적당량
- 흑후추 ··· 적당량

만드는 법
1. 흰살생선을 얇게 저미고 접시에 원형으로 보기 좋게 담는다.
2. 이리자케와 엑스트라버진 올리브유를 동량 섞고 숟가락으로 흰살생선에 골고루 뿌린다.
3. 흑후추를 가볍게 뿌린 뒤 어린잎 채소로 장식한다.

◆ 일본식 잔멸치 파스타

재료-2인분 기준
- 파스타(1.7mm) ··· 160g
- 잔멸치 ··· 70g
- 쪽파 ··· 6~7뿌리
- 엑스트라버진 올리브유 ··· 2작은술
- 이리자케 ··· 6작은술

만드는 법
1. 파스타를 삶고 뜨거울 때 올리브유와 이리자케 2작은술을 넣어 버무린다.
2. 파스타를 접시에 담고 잔멸치를 얹은 뒤 나머지 이리자케 4작은술을 뿌린다.
3. 잘게 썬 쪽파를 뿌린다.

소금 *Salt*

적은 양으로 식재료의 맛을 돋운다

- ◆ 천일염
- ◆ 히라가마 소금
- ◆ 자연 해염 가공
- ◆ 정제염
- ◆ 핑크솔트
- ◆ 크리스털솔트
- ◆ 안데스 핑크솔트
- ◆ 칼라나마크
- ◆ 몽골암염
- ◆ 블루솔트
- ◆ 사해 소금
- ◆ 우유니 소금사막
- ◆ 해조소금
- ◆ 산소금
- ◆ 트러플 소금
- ◆ 허브 소금

Knowledge of Salt
소금 상식 이야기

소금이란

염화나트륨을 주성분으로 하며 생명 활동 유지에 필수적인 조미료다. 음식에 짠맛을 부여하는 한편, 방부 및 살균작용이 있다고 알려져서 염장이라는 보존의 목적으로도 사용된다. 소금은 채취 장소에 따라서 크게 암염, 해염, 호수염의 세 종류로 나뉜다.

암염이란

암염은 아주 오래전 일어난 지각변동으로 육지에 남겨진 바닷물이 긴 세월 동안 증발하며 땅속에서 굳어진 것으로, 전 세계 소금 생산량의 약 60%를 차지하고 주로 유럽과 북아메리카에서 채굴된다. 일본에는 암염층이 없으므로 일본에서 유통되는 암염은 전부 수입산이다. 한국 역시 마찬가지로 생산되지 않는다. 무색 또는 유백색이 많고 산지와 지층에 따라서 푸른색, 핑크, 붉은색, 노란색, 보라색을 띠는 암염도 볼 수 있다. 암염 결정의 색깔은 주위 지층의 미네랄이나 유황, 유기물의 혼입 여부에 따라 달라진다.

해염이란

전 세계 소금 생산량의 약 30%를 차지하는 해염은 바다에 접한 대부분의 나라에서 생산

암염

해염

호수염

된다. 제조 방식에 따라 바닷물을 햇빛에 말려서 만드는 천일염(天日鹽)과 바닷물을 끓여서 만드는 자염(전오염, 煎熬鹽)으로 나뉜다. 천일염은 바닷물을 염전에 가두고 태양열과 바람으로 수분을 증발시킨 소금이다. 자염은 농축한 바닷물을 솥에 넣고 가열하여 수분을 증발시킨 소금이다.

소금은 또한 정제염과 천연 소금으로도 구분한다. 정제염은 염화나트륨이 99% 이상 될 때까지 정제한 소금으로 미네랄이 거의 없다. 천연 소금은 다시 재제염과 자연 해염으로 분류한다. 재제염은 정제염에 간수를 첨가하거나, 해염을 녹이고 불순물을 제거한 뒤 끓여서 재결정화하는 등 제조법이 다양하다. 자연 해염은 전통 방식으로 만든 소금을 가리키며 바닷물을 염전에서 햇빛에 말린 것 또는 솥에 끓인 것 등이 있다.

호수염이란
염분농도가 높은 호수에서 건조한 시기에 채취하는 소금이다. 예전에는 바다였던 곳이 지각변동으로 육지에 갇히면서 호수가 되었고 차츰 수분이 증발하여 수중 염분농도가 높아졌다. 전 세계 소금 생산량의 10% 미만을 차지하며, 우유니 소금사막과 사해 소금이 대표적이다.

소금 상식 이야기

● 소금 결정의 종류

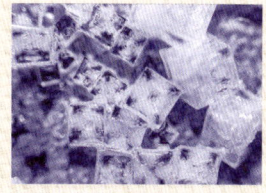

정육면체

피라미드 형태

분쇄염

구형

플레이크 형태

파우더 형태

체내 작용
소금은 체내에서 염화이온과 나트륨이온으로 분해되어 중요한 역할을 한다.

세포를 정상적으로 유지한다
인체의 세포는 세포외액이라는 액체로 둘러싸여 있다. 나트륨이온은 이 세포외액에 많이 함유되어 있으며 세포와 체액 사이의 압력 즉 삼투압을 일정하게 유지한다.

신경과 근육의 기능 조절
신경세포는 물체에 닿았을 때의 자극을 뇌로 전달하거나, 몸을 움직이도록 뇌에서 근육으로 명령을 전달한다. 나트륨이온은 신경세포가 자극 및 명령을 전달하는 작용을 한다.

영양의 소화와 흡수를 돕는다
염화이온은 위산의 주성분으로 위에서 음식의 소화와 살균작용을 한다. 나트륨이온은 소장에서 영양의 흡수에 관여한다.

Sun-dried Salt

천일염

자연의 힘을 이용한
비가열 소금

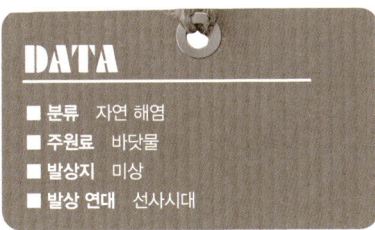

DATA
- 분류 자연 해염
- 주원료 바닷물
- 발상지 미상
- 발상 연대 선사시대

바닷물을 퍼 올린 뒤, 태양열과 풍력으로 수분을 증발시켜 결정화한 소금이다. 가열처리를 하지 않으므로 소금 본연의 맛을 즐길 수 있다.
　세계 최대의 천일염전은 멕시코 사막지대에 자리한 게레로 네그로(guerrero negro)다. 크기는 도쿄도 23구를 합한 면적과 비슷하고 연간 생산량은 800만 톤 이상이나 된다.

Flat Pot Sea Salt

히라가마 소금

기후의 영향을 받지 않는
전통 제염법

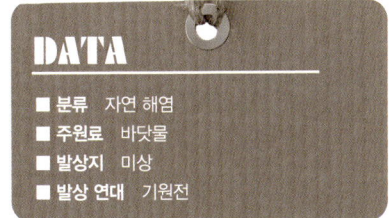

DATA
- 분류 자연 해염
- 주원료 바닷물
- 발상지 미상
- 발상 연대 기원전

염전 방식이나 유하식(流下式)으로 농축한 바닷물을 넓적한 솥에서 낮은 온도로 끓여 결정화한 소금이다(48쪽 참고). 천일염을 만들기 어려운 환경에서도 소금 제조가 가능했기 때문에 일본에서도 오래전부터 이 방법을 사용해 왔다.
　히라가마는 프라이팬처럼 생긴 넓적한 냄비를 크게 확대한 모양을 하고 있어 수분을 효율적으로 증발시킨다. 금방 녹고 부드러워서 식재료와 잘 어우러지는 소금이 만들어진다.

Natural Processing Sea Salt

자연 해염 가공

천일염에 가장 가까운 가공 소금

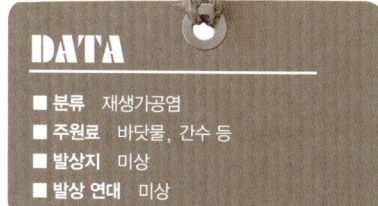

DATA
- 분류   재생가공염
- 주원료   바닷물, 간수 등
- 발상지   미상
- 발상 연대   미상

자연 해염 가공은 녹인 천일염에 간수를 첨가하여 재제조하는 제염법이다. 주성분은 염화나트륨이지만 간수를 넣음으로써 미네랄이 추가되어 천연 소금에 가까운 소금이 만들어진다. 원료로 사용하는 천일염은 호주산이나 멕시코산이 많다. 천연 소금보다 저렴하여 일본에서도 많이 유통된다.

Ion Exchanged Salt

정제염

날씨에 좌우되지 않는 가장 효율적인 제염법

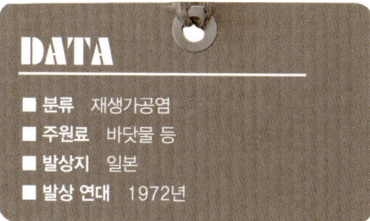

DATA
- 분류   재생가공염
- 주원료   바닷물 등
- 발상지   일본
- 발상 연대   1972년

이온 교환막법이란 전기를 이용하여 염화나트륨 농도가 높은 소금물을 추출하고 진공식 증발관에서 끓여 소금 결정을 만드는 방법이다. 이 방법으로 얻은 소금을 정제염이라고 한다. 1972년에 생산 공장이 세워진 이후 일본의 제염법은 염전에서 이온 교환막법으로 옮겨갔다. 순도 높은 염화나트륨이 정제되기 때문에 짠맛이 강하고 보슬보슬하다.

Pink Rock Salt

핑크솔트

고운 핑크빛의 인기 암염

DATA
- 분류 암염
- 주원료 암염
- 원산지 파키스탄
- 채굴시작시기 13세기

암염 중에서도 특히 인기가 많은 핑크솔트는 파키스탄의 소금 광산 '솔트 레인지'에서 채취되는 암염이다. 이곳은 과거에 바다였으나 5~6억 년 전 지각변동으로 바닷물이 전부 빠지면서 암염산맥이 되었다.

성분의 약 96%가 염화나트륨이고 나머지는 산화철 등의 불순물로 핑크색의 바탕이 된다.

Crystal Rock Salt

크리스털솔트

투명하고 아름다운 순도 높은 암염

DATA
- 분류 암염
- 주원료 암염
- 원산지 파키스탄, 독일 등
- 채굴시작시기 13세기경

불순물이 적고 순도가 높은 암염이다. 이름 그대로 수정처럼 투명하게 반짝인다. 핑크솔트와 동일한 암염층에서 채굴하지만, 그 양이 매우 적다. 히말라야 외에 독일이나 폴란드 등에서도 채굴된다. 조리용과 테이블용을 가리지 않는 만능 소금으로, 식재료 본연의 맛을 살려서 단순하게 양념하는 요리에 추천한다.

Andes Ruby Rock Salt

안데스 핑크솔트

태고의 바닷물을 응축하여
철분이 풍부하고 부드러운 맛

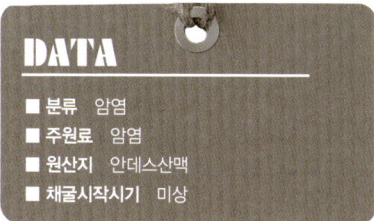

DATA
- 분류　암염
- 주원료　암염
- 원산지　안데스산맥
- 채굴시작시기　미상

높이 4,000m 산들이 이어진 안데스산맥은 남미 7개국에 걸친 산맥이다. 약 3억 년 전 일어난 지각변동으로 해저에 있던 산맥이 융기하고 바닷물이 말라붙으면서 연핑크색 암염을 채취하게 되었다.
미네랄이 풍부하며 주로 철분을 많이 함유하고 있다. 순한 짠맛이 특징으로 단맛도 은은하게 느껴진다.

Kala Namak

칼라나마크

아유르베다에 없어서는 안 될
귀중한 소금

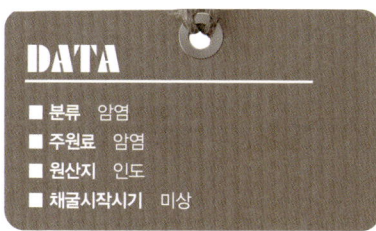

DATA
- 분류　암염
- 주원료　암염
- 원산지　인도
- 채굴시작시기　미상

히말라야의 산지에서 수억 년에 걸쳐서 생성된 암염으로 '인디언 블랙솔트(Indian black salt)'라고도 부른다. 염화나트륨 외에 유황 성분이 함유되어 있어서 독특한 냄새가 난다.
인도의 전통 의학인 아유르베다에서는 위장이나 피부 질환에 처방해왔다. 디톡스 효과도 높아서 입욕제로도 추천한다.

Mongol Rock

몽골암염

미네랄이 풍부한
덜 짜고 순한 소금

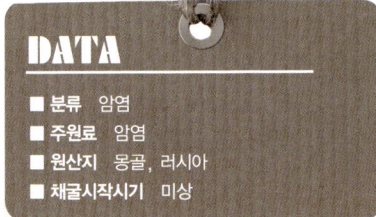

DATA
- 분류 암염
- 주원료 암염
- 원산지 몽골, 러시아
- 채굴시작시기 미상

몽골과 러시아에 걸쳐 있는 세계유산 우브스 누르 분지의 암염광산에서 채취하는 소금이다. 옅은 회색이나 연한 핑크빛을 띤다. 칼슘과 칼륨, 아연 등 몸에 필요한 미네랄이 풍부하게 함유되어 있다. 마그네슘이 들어 있지 않아 쓴맛이 적고 순한 맛이 특징이다. 생선구이 같은 일본 음식과 궁합이 잘 맞는다.

Blue Rock

블루솔트

푸른빛이 아름다운
희소가치 높은 암염

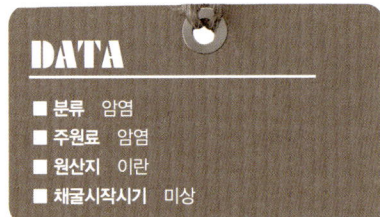

DATA
- 분류 암염
- 주원료 암염
- 원산지 이란
- 채굴시작시기 미상

이란 북부 셈난 지방의 소금 광산에서 채굴되는 암염이다. 흰색 또는 황색이 대부분인 암염 광산(鑛床 유용광물이 국부적으로 집합하여 채굴의 대상이 되는 곳)에서 아주 소량의 푸른빛 암염만 채취할 수 있어 희소가치가 매우 높다. 푸른색은 칼륨과 실비나이트(암염과 칼륨염의 혼합물)에서 유래한다. 나트륨이 적고 강렬하면서 날카로운 맛이 특징이다. 고기 요리나 특유의 냄새가 짙은 요리에 적합하다.

Dead Sea Salt

사해 소금

잘 알려지지 않은
사해의 식용 소금

원산지

▲ 이스라엘 남부, 사해의 서안에 자리한 도시 에인 보켁

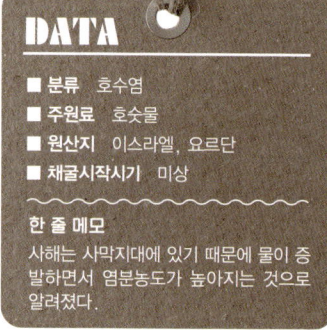

DATA

- **분류** 호수염
- **주원료** 호숫물
- **원산지** 이스라엘, 요르단
- **채굴시작시기** 미상

한 줄 메모
사해는 사막지대에 있기 때문에 물이 증발하면서 염분농도가 높아지는 것으로 알려졌다.

소금 / 사해 소금

사해는 아라비아반도 북서부에 있는 소금호수로 염분 농도는 약 30%다. 보통의 바닷물보다 30배 정도 많은 미네랄을 함유하고 있다. 염화나트륨은 8%로 적으며 간수의 수성분인 염화마그네슘이 40% 함유되어 맛이 매우 쓰다. 그래서 주로 공업용이나 입욕제, 화장품 등에 사용된다.

식용으로 만들려면 호숫물을 햇빛에 말린 뒤에 염화마그네슘 등의 불필요한 성분을 제거하고 새로 배합해야 한다. 이렇게 완성된 소금은 무난한 맛의 만능 소금이 된다. 나트륨 섭취를 줄이고 싶은 사람에게 추천하는 순한 소금이다.

Uyuni Salt

우유니 소금사막

소금 / 우유니 소금사막

요리에 깊이를 더하는
전통 제조 방식의 소금

▲ 트럭에 쌓인 소금

원산지

DATA
- **분류** 호수염
- **주원료** 호수에 퇴적된 원염
- **원산지** 볼리비아
- **채굴시작시기** 미상

한 줄 메모
고기나 어패류 석쇠 구이에 사용하면
식재료 본연의 맛을 돋워준다.

세계적인 절경 명소로 유명한 볼리비아의 우유니 소금사막. 해발고도 약 3,700m에 위치하며 면적은 1만km²가 넘는다. 약 3억 년 전 안데스 산맥이 융기(지각변동으로 상승하는 일)했을 때 대량의 바닷물이 그대로 산 위에 남아 소금호수가 형성되었다.

호수에는 긁어모은 작은 소금산이 줄지어 있다. 가공공장에서 3일 동안 햇빛에 말린 뒤에, 30분 정도 가열하고 다시 건조하여 분쇄기로 잘게 부수는 전통 방식으로 소금을 만든다. 소금 결정이 피라미드 형태라서 '피라미드 솔트'라고도 부른다. 순한 맛으로 귀한 대접을 받는 천연 소금이다.

Seaweed Salt

해조소금

해조류의 미네랄을 함유한 순하고 감칠맛 풍부한 소금

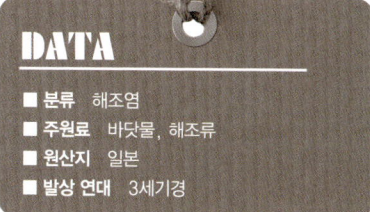

DATA
- 분류 해조염
- 주원료 바닷물, 해조류
- 원산지 일본
- 발상 연대 3세기경

모자반이나 꽹생이모자반 같은 해조류에 바닷물을 붓고 가열한 다음 위에 뜬 액체만 졸여서 만드는 소금이다. 해조소금은 고훈 시대(서기 300년 전후~600년 전후)부터 만들어졌으며 일본의 오래된 가집인 〈만엽집〉과 헤이안 시대의 정형시 와카에도 기록되어있을만큼 역사가 오래되었다. 칼슘과 칼륨이 풍부하고 순한 맛이 특징으로 생선구이나 생선회 등 어패류와 궁합이 잘 맞는다.

Mountain Salt

산소금

산간 지역에서 만드는 귀한 소금

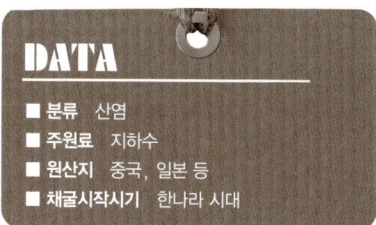

DATA
- 분류 산염
- 주원료 지하수
- 원산지 중국, 일본 등
- 채굴시작시기 한나라 시대

산간 지역에서 채취되는 천연 소금으로 '우물소금'이라고도 한다. 지하수나 온천의 원천을 끓여서 정제하며 해염과는 다른 독특한 맛이 난다. 일본에서는 에도 시대부터 만들기 시작했으며, 후쿠시마현의 오시오우라반다이 온천과 나가노현 가시오 온천의 산소금이 유명하다. 생산량이 매우 적기 때문에 희귀한 소금으로 인기가 있다.

Truffle Salt

트러플 소금

살짝 뿌리기만 해도 값비싼 요리로 변신
고급스러움을 맛볼 수 있는 마법의 소금

조리 예

▲ 트러플이 듬뿍 들어간 호화로운 트로피에 파스타

DATA

- **분류** 혼합소금
- **주원료** 소금, 트러플
- **원산지** 이탈리아, 프랑스 등
- **발상 연대** 미상

한 줄 메모
블랙 트러플 소금은 조리 중에, 화이트 트러플 소금은 조리 후에 뿌리는 것을 추천한다.

독특한 향이 특징인 트러플은 푸아그라, 캐비어와 함께 '세계 3대 진미'이자 고급 식자재로 알려져 있다. 트러플 소금은 동결건조한 트러플과 암염 또는 해염을 혼합한 조미료로, 이탈리아 요리와 프랑스 요리를 중심으로 전 세계 셰프들이 즐겨 사용한다. 블랙 트러플과 화이트 트러플이 있으며 화이트가 더 향기롭고 비싸다. 블랙 트러플은 프랑스 등 유럽산이 유명하지만 저렴한 중국산 등도 있으며 최근에는 가정용 및 선물용으로 주목받고 있다.

스테이크나 오믈렛, 파스타 등과 잘 어울리며 일식과 중화요리에 트러플 향을 곁들이는 것도 가능하다.

Herb Salt

허브 소금

단번에 완성되는 전문가의 맛
그릴 요리에 제격

조리 예

▲ 고기와 생선의 냄새 제거에도 편리하다

DATA

- 분류 혼합소금
- 주원료 소금, 허브
- 원산지 세계 각지
- 발상 연대 미상

한 줄 메모
고기, 생선, 채소 등 모든 식재료와 잘 맞는다.

이름 그대로 '타임(thyme)'이나 '오레가노(oregano)' 같은 허브와 혼합한 소금이며, 맛과 향을 동시에 낼 수 있다. 허브 소금 중에서 대중적으로 이름이 알려진 '제인 크레이지 솔트(JANE'S Krazy Mixed Up Salt)'는 동굴에서 채취한 피라미드 결정구조의 암염에 여섯 종류의 허브와 향신료를 혼합한 상품이다. 1960년경 미국에서 판매하기 시작하여 1969년경부터 일본으로 수입되기 시작했다.

잘게 다진 허브와 소금을 섞기만 해도 손쉽게 허브 소금을 만들 수 있으니 좋아하는 허브를 넣어서 오리지널 허브 소금도 만들어 보자. 말린 허브보다 신선한 허브를 사용해야 향기가 좋다.

column

일본의 소금 제조 역사

소금을 얻기까지

일본은 사방이 바다로 둘러싸인 섬나라이기 때문에, 오래전부터 소금 제조가 활발하고 소금 구하기도 수월했을 것으로 생각하기 쉽다. 그러나 습도가 높고 평지 면적이 좁은 탓에 다른 나라처럼 염전에서 수년 동안 소금을 결정화하는 방식은 일부 지역에서만 가능했다. 따라서 적은 노력으로 바닷물 속의 소금을 효율적으로 추출하기 위해 다양한 연구가 이루어졌다.

바닷물로 소금을 만들 때는 바닷물을 곧바로 끓이기보다 먼저 농도 높은 소금물을 만든 뒤에 끓이는 편이 효율적이다. 그래서 바닷물의 수분을 최대한 많이 증발시켜서 함수(鹹水)라는 진한 짠물을 만든다. 이 작업을 채함(採鹹)이라고 하며 함수를 졸이는 작업을 전오(煎熬)라고 한다. 이러한 일본의 제염기술은 역사와 더불어 커다란 진보를 이루어 나간다.

초기의 제염법 – 해조소금 굽기

일본에서 가장 원시적인 소금 제조법은 해조류를 사용한 방법으로 '해조소금 굽기'라고 부른다. 상세한 공정은 밝혀지지 않았으나 조몬 시대 말엽부터 야요이 시대까지는 구운 해조류의 재를 그대로 소금으로써 사용한 듯하다. 나라 시대 또는 헤이안 시대 초기가 되어서야 구운 해조류의 재로 만든 소금에 바닷물을 부어서 함수를 채취하는 방법이나, 해초를 겹겹이 쌓고 위에서 바닷물을 부어 얻은 함수를 끓이는 방법이 생겨난 것으로 보인다.

더 효율적인 염전 방식으로

해조소금 굽기를 바탕삼아 지혜를 모으고 궁리를 거듭한 끝에 더욱 효율적으로 소금을 생산하는 방법이 개발되었다. 그중 하나가 염전 방식이다. 해안에 조성한 모래밭에 바닷물을 가두고 햇빛과 바람으로 수분을 증발시킨 다음, 소금 모래를 모아 바닷물로 씻어내어 함수를 만들고 이 물을 제염용 가마솥에 끓여서 소금을 만든다. 염전 방식에는 크게 세 종류가 있다.

▲ 양빈식 염전

- 가마쿠라·무로마치 시대에 개발된, 인력으로 바닷물을 염전까지 옮기는 양빈식(揚濱式) 염전
- 17세기 중반부터 1950년대까지 이어진, 조수 간만의 차를 이용하여 염전에 바닷물을 끌어들이는 입빈식(入濱式) 염전
- 1950년대 초반에 입빈식 염전에서 방식을 전환한, 대나무 잔가지를 매달아 만든 장치 위에서 바닷물을 흘려보내고 태양열과 바람으로 수분을 증발시키는 유하식(流下式) 염전

▲ 유하식 염전

현재는 최신 기술인 이온 교환막법이 발달하여 산업시설로서의 염전은 일본 각지에서 모습을 감추었지만 불과 수십 년 전까지 일본에서는 염전 방식이 주류였다.

column

일본인과 소금 문화

소금에 방부 및 살균 효과가 있다는 것은 오래전부터 알려진 사실로, 이것이 소금이 나쁜 것을 없애준다는 개념으로 발전했다. 또한 순백색 소금의 맑고 깨끗한 이미지와 연관 지어 소금에는 부정한 것을 물리치고 정화하는 힘이 있다고 여기게 되었다. 이러한 생각은 현대로까지 이어져서 소금을 공물로 바치거나 종교 행사에서 사용하는 풍습이 남아 있다.

스모와 소금의 관계

스모는 원래 그해의 풍년을 기원하는 행위에서 비롯되었다. 그래서 스모를 신성하게 여긴다. 스모 선수를 가리키는 리키시가 시합 전에 경기장인 도효에 소금을 뿌리는 데에는 도효를 정화하여 신성한 장소로 만든다는 뜻이 담겨 있다. 또한 다치지 않도록 신에게 비는 의미도 있어서 다친 곳에 소금을 뿌리는 리키시의 모습도 볼 수 있다. 때로는 리키시가 아닌 요비다시라는 진행자가 시합 중간에 도효 위에 소금을 뿌리기도 한다. 이것은 앞선 시합에서 부상자가 생기거나 했을 때 도효를 한 번 정화하는 의미로 뿌리는 것이다. 한 경기장에서 하루에 사용되는 소금의 양은 600kg 이상이다.

▲ 도효에서 소금을 뿌리는 스모 선수

모리지오

모리지오란 소금을 삼각추 모양으로 담아 현관 앞이나 집 안에 두는 풍습으로 징크스를 깨거나 액막이, 부적의 의미가 있다. 모리지오의 유래 중에는 중국 서진의 초대 황제인 무제 또는 진시황제로부터 기원했다는 설이 있다. 당시 황제에게는 많은 여인이 있었고, 황제는 밤마다 소가 끄는 수레가 멈춘 곳에서 밤을 보냈다. 이에 한 여인이 수레가 자신의 집 앞에 멈추도록 소가 좋아하는 소금을 문 앞에 두었다. 그러자 소가 소금을 먹으려고 계속 멈추는 바람에 황제를 독차지할 수 있었다. 이렇게 하여 모리지오는 기회와 복을 불러오는 것으로 받아들여졌고, 일본으로 전해지면서 징크스를 깨거나 정화하는 용도로 바뀌었다는 이야기다.

▲ 현관에 놓아둔 모리지오

다른 한편으로 모리지오가 신에게 지내는 제사나 불교 의식에서 유래한다는 견해도 있다. 과거 과학이 미처 발달하지 않았던 시대에 사람이 죽는 일은 하나의 재앙과도 같은 불운이었다. 그 재액을 피하려고 생각해낸 것이 소금으로 정화하는 방법이었다고 한다.

식초 *Vinegar*

건강식품으로도 인기 있는 조미료

- ◆ 쌀식초
- ◆ 술지게미식초
- ◆ 흑초
- ◆ 향초
- ◆ 보리흑초
- ◆ 율무식초
- ◆ 맥아식초
- ◆ 백식초
- ◆ 발사믹식초
- ◆ 와인식초
- ◆ 애플사이다식초
- ◆ 폰즈
- ◆ 니하이즈 · 산바이즈
- ◆ 도사즈

✜ Knowledge of Vinegar ✜
식초 상식 이야기

식초란

주로 초산을 3~5%정도 함유한 신맛이 나는 조미료다. 초산 이외에 구연산, 아미노산, 글루콘산, 사과산, 젖산 등의 유기산이 함유된 것도 있다. 일반적으로 요리에 사용하는 식초는 먼저 원료가 되는 곡물 또는 과일로 양조주를 만들고, 여기에 초산균(아세토박터)을 첨가하여 초산 발효시킨 액체 조미료를 가리킨다.

식초란

고대의 식초

인류 문명의 역사가 시작되기 전, 인류가 술을 만든 때와 거의 같은 시기에 식초도 만들어졌을 것으로 추정된다. 식초의 기원은 오래 전으로 거슬러 올라가는데, 기원전 5000년경 고대 바빌로니아에서 말린 포도나 대추야자로 식초를 만들었다는 사실이 밝혀졌다. 그리고 구약성서에는 와인으로 만든 식초에 대한 기록이 있다. 고대 로마에서는 물에 식초를 탄 '포스카(posca)'라는 청량음료수를 일상적으로 마셨다고 한다.

전통 제조법

서구에 오래전부터 전해 내려오는 식초 제조법 중에 오를레앙 제법(Orleans process)이라는 것이 있다. 나무통 안에 희석한 와인을 공기와 함께 집어넣고 초산균막을 첨가하여 천천히 발효시킨다. 완성된 식초는 정기적으로 빼내고 새 와인을 계속 보충하는 방식이다. 현대적인 제조법에 비해 공기와 접촉하는 부분이 적어서 발효와 숙성에 시간이 걸리지만 향이 좋은 식초가 완성된다. 현재 이 오를레앙 제법으로 식초를 만드는 곳은 1797년 설립되어 오랜 역사를 지닌 프랑스의 마르탱 푸레(Martin Pouret)라는 식초 제조장뿐이라고 한다.

이 밖에도 18세기에 발명된 적하방식(滴下方

式)과 그보다 현대적인 액중배양방식(液中培養方式)이 있다. 적하방식은 표면에 작은 구멍이 있는 다공성 소재에 초산균을 부착하고 와인을 반복적으로 부어서 초산균을 효율적으로 활동시켜 만드는 방법이다. 액중배양방식은 양조주를 휘저어서 공기를 공급한 다음 균을 넣어 발효를 촉진한다.

일본의 식초 제조

4~5세기경에 중국에서 일본으로 쌀식초 양조 기술이 전해지면서 이즈미노쿠니(현재의 오사카부 남부)에서 식초가 만들어지기 시작했다.[1]

718년에 제정된 요로율령[2]에는 관리들이 술과 함께 식초를 만들었다는 내용이 기록되어 있다. 이 무렵의 식초는 상류사회에서 사용하는 고급 조미료이자 한방 의술의 일종 또는 약으로 취급되었기 때문에 서민에게는 그림의 떡이었다.

식초가 조미료로써 일반에 널리 보급된 것은 에도 시대에 접어들면서부터다. 식초 제조법이 전국 각지로 퍼져나감과 동시에 식초를 사용한 초밥 같은 요리가 많이 생겨났다.

그 후 다이쇼 시대(1912~1926년)에는 값싸고 대량생산이 가능한 합성식초가 등장했다. 합성식초는 석유와 석회석 원료로 만든 빙초산을 희석하여 여러 종류의 식품첨가물을 혼합한 것이다. 제2차 세계대전 전후에는 식량난 때문에 쌀을 원료로 한 식초 제조가 금지되었기 때문에 한때는 합성식초가 주류를 이루었다.

1970년부터 빙초산이 조금이라도 들어간 식초에는 합성식초 표시가 의무화되면서 양조식초의 생산이 합성식초를 웃돌게 되었다. 현재 시장에 유통되는 식초 대부분 양조식초다.

식초의 분류

일본 농림수산성이 정한「식초 품질표시기준」에 따르면 식초는 크게 양조식초와 합성식초로 나누고, 양조식초는 다시 곡물식초(쌀식초, 쌀흑초, 보리흑초)와 과일식초(사과식초, 포도식초)로 분류한다. 폰즈나 니하이즈, 도사즈 등은 가공식초라고 하여 식초와는 구별한다.

식초 상식 이야기

● 식품표시기준에 따른 식초의 분류(개요)[3]

양조식초 (발효식초)	곡류, 과일, 채소, 기타 농산물, 벌꿀, 알코올, 설탕류를 원료로 초산 발효한 액체 조미료로서 빙초산 또는 초산을 사용하지 않은 것.		
	곡물식초	양조식초 가운데 원재료로서 1종 또는 2종 이상의 곡류를 사용한 것으로, 그 사용 총량이 양조식초 1ℓ당 40g 이상인 것.	
		쌀식초	곡물식초 가운데 원재료로서 쌀의 사용량이 곡물식초 1ℓ당 40g 이상인 것(쌀흑초를 제외한다).
		쌀흑초	곡물식초 가운데 원재료로서 쌀(현미의 쌀겨층 전부를 제거하여 정미한 것을 제외한다) 또는 여기에 밀 혹은 보리를 첨가한 것만을 사용한 것으로, 쌀의 사용량이 곡물식초 1ℓ당 180g 이상이고 발효 및 숙성에 의해 갈색 내지는 흑갈색으로 착색한 것.
		보리흑초	곡물식초 가운데 원재료로서 보리만을 사용한 것으로, 보리의 사용량이 곡물식초 1ℓ당 180g 이상이고 발효 및 숙성에 의해 갈색 내지는 흑갈색으로 착색한 것.
	과일식초	양조식초 가운데 원재료로서 1종 또는 2종 이상의 과일을 사용한 것으로, 그 사용 총량이 양조식초 1ℓ당 과일 착즙으로서 300g 이상인 것.	
		사과식초	과일식초 가운데 사과 착즙이 과일식초 1ℓ당 300g 이상인 것.
		포도식초	과일식초 가운데 포도 착즙이 과일식초 1ℓ당 300g 이상인 것.
합성식초 (희석초산)	빙초산 또는 초산 희석액에 설탕류 등을 첨가한 액체 조미료 또는 그것에 양조식초를 첨가한 것.		

Rice Vinegar

쌀식초

순한맛과 진한 향
일본 요리에 안성맞춤

조리 예

▲ 초밥 밑간의 완성도가 지라시즈시(스시의 종류) 전체의 맛을 좌우한다

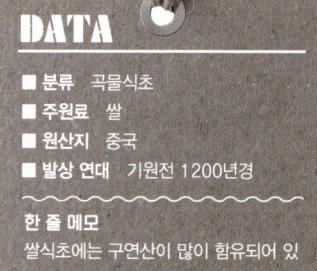

DATA
- 분류 곡물식초
- 주원료 쌀
- 원산지 중국
- 발상 연대 기원전 1200년경

한 줄 메모
쌀식초에는 구연산이 많이 함유되어 있어 건강 효과가 주목된다.

쌀식초는 쌀을 원료로 만든 식초이며, 엄밀하게는 식초 1ℓ당 40g 이상의 쌀을 사용한 것을 가리킨다. 쌀식초의 종류에는 쌀만 사용한 순쌀식초와 현미로만 만든 현미식초가 있다. 중국에서는 기원전 1200년경부터 쌀식초를 만들었으며, 그 제조법이 4~5세기경에 중국으로부터 일본의 아스카노쿠니(현재의 오사카 부 남부)로 술 만드는 기술과 함께 전해졌다.

쌀의 달고 순한맛을 특징으로 하며, 이 향을 살려서 초밥이나 초무침처럼 가열하지 않는 요리에 쓰면 좋다. 또한 초산에는 물때 같은 알칼리성 오염을 중화하는 효과가 있어서 청소할 때도 사용한다.

술지게미식초

Red Vinegar

생선초밥에 빼놓을 수 없는
향이 진한 적식초

▲ 술지게미식초로 양념한 초밥용 밥을 아카샤리라고 한다

DATA

- **분류** 곡물식초
- **주원료** 술지게미
- **원산지** 일본(아이치현)
- **발상 연대** 1800년대

한 줄 메모
술지게미에 함유된 당분 및 아미노산이 식초를 갈색으로 변화시킨다.

술지게미식초는 술지게미를 초산 발효하여 만들며 주로 초밥용으로 이용한다. 특히 오래 숙성한 술지게미를 원료로 만든 식초는 붉은 빛을 띠기 때문에 '적식초'라고도 부른다. 쌀식초에 비해 향이 강하며 은은한 단맛과 깊은 감칠맛이 느껴진다.

1804년 오와리노쿠니(현재의 아이치현) 출신의 굴지의 식료품 업체 미쯔칸 그룹의 창업자이자 주조가였던 나카노 마타자에몬은 쌀식초가 부족했던 에도의 상황에 주목하여 술지게미식초를 제조하기 시작했다. 쌀식초보다 저렴한 술지게미식초는 초밥의 밥알이 마르거나 품질이 저하되는 것을 막아주기 때문에 에도식 생선초밥인 에도마에즈시에 없어서는 안 될 조미료로 자리를 잡았다. 현재 일반에는 거의 유통되지 않으며 술지게미식초를 사용하는 음식점도 한정적이다.

Black Vinegar

흑초

미용 및 건강 효과로 주목받는
영양가 높은 식초

조리 예

▲ 일본식 돼지고기 장조림인 부타노가쿠니에 흑초를 넣으면 맛이 담백해진다

DATA

- **분류** 곡물식초
- **주원료** 쌀
- **원산지** 일본
- **발상 연대** 1800년대

한 줄 메모
신맛보다 단맛과 감칠맛이 돋보이는 순한 풍미.

흑초에 함유된 아미노산이 다이어트에, 구연산은 원기 회복에 효과가 있다고 알려지면서 건강식품으로 큰 인기를 끌었다. 원료인 쌀을 장시간 발효·숙성시키면 당과 아미노산이 반응하여 색소가 생성되고 진한 호박색을 띠게 된다. 흑초 제조는 1800년대 가고시마현의 후쿠야마에서 시작되었다. 후쿠야마의 흑초는 옥외에 놓아둔, 주둥이가 좁은 아만쓰보라는 항아리를 사용해서 6개월에서 3년이라는 시간을 들여 만든다.

볶음 등의 조리용은 물론이고 드레싱이나 음료 등으로도 추천한다. 다만 공복에 섭취하거나 과잉 섭취하면 복통 및 구토 등의 위험이 있으니 주의가 필요하다.

Kozu

향초

부드러운 산미가 특징인 중화요리의 필수 조미료

조리 예

▲ 향초와 생강을 올린 샤오롱바오

DATA

- **분류** 곡물식초
- **주원료** 찹쌀, 수수, 조, 보리 등
- **원산지** 중국
- **발상 연대** 미상

한 줄 메모
수분을 거의 넣지 않고 발효시킨다.

중국에서 만드는 흑초의 일종이다. 쌀로 만드는 일본의 흑초와 달리 향초는 찹쌀이나 수수, 조 또는 보리 등을 원료로 사용한다. 독특한 향 때문에 향초(香醋)라고 이름 붙여졌으며, 중국에서 식초라고 하면 이 향초를 가리킨다. 지역마다 원료나 제조법이 다른데, 중국 3대 식초로 알려진 장쑤성 전장시의 전장 샹추(鎭江香醋), 산시성의 산시라오천추(山西老陳醋), 푸젠성의 용춘라오추(永春老醋)가 특히 유명하다.

가열해도 향이 날아가지 않아서 탕수육 같은 조리용은 물론이고 샤오롱바오나 물만두, 참게찜을 찍어 먹는 소스로 널리 이용된다. 일본에서는 건강식품으로도 알려져서 향초 성분이 들어간 건강 기능 식품도 있다.

Black Malt Vinegar

보리흑초

보리로만 만들어 담백한 흑초

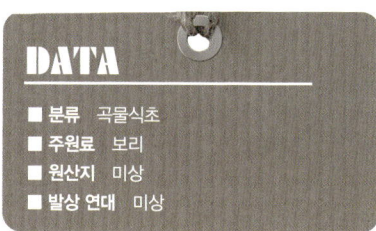

DATA
- 분류 곡물식초
- 주원료 보리
- 원산지 미상
- 발상 연대 미상

1ℓ당 180g 이상의 보리를 사용하여 만든 식초로 발효와 숙성을 거치면서 갈색으로 변한다. 아미노산과 칼륨, 마그네슘을 풍부하게 함유하여 고혈압이나 동맥경화 같은 생활습관병 예방효과를 기대할 수 있다. 쌀흑초보다 맛이 담백해서 탕수육이나 흑초 안카케(칡뿌리 가루로 만든 걸쭉한 양념장을 얹은 요리) 등의 양념으로 적당하다.

Job's Tears Vinegar

율무식초

피부 미용 효과가 높은 영양소 풍부한 식초

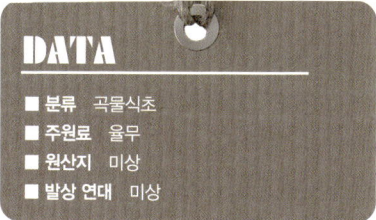

DATA
- 분류 곡물식초
- 주원료 율무
- 원산지 미상
- 발상 연대 미상

율무는 남아시아가 원산지인 볏과 율무속 식물이다. 껍질을 벗겨낸 씨앗은 '의이인(薏苡仁)' 또는 '율무쌀'이라고 부르며 한방에서 활용된다. 식초로 만들어도 효능은 그대로다. 원기 회복 및 생활습관병 예방은 물론이고 피부 미용 효과까지 기대할 수 있어서 건강음료로 많이 쓰인다.

Malt Vinegar

맥아식초

영국에서 오래전부터 즐겨 먹는 식초

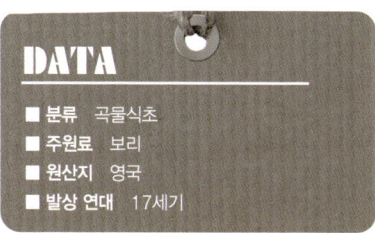

- 분류　곡물식초
- 주원료　보리
- 원산지　영국
- 발상 연대　17세기

맥아를 원료로 만든 식초를 가리키며, 쌀식초보다 신맛이 강하지만 풍부한 향과 풍미가 있다. 마찬가지로 맥아가 원료인 에일맥주를 즐겨 마시는 영국에서는 오래전부터 맥아식초를 만들었으며, 피시앤칩스에 빼놓을 수 없는 조미료로 친숙하다. 조림 요리나 초절임 샐러드 등에도 잘 어울린다.

White Vinegar

백식초

식용 이외에도 여러모로 쓸모가 많은 식초

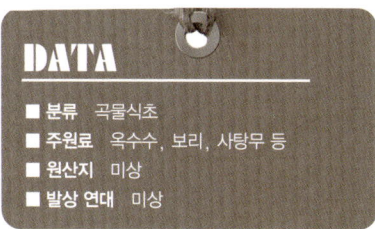

- 분류　곡물식초
- 주원료　옥수수, 보리, 사탕무 등
- 원산지　미상
- 발상 연대　미상

옥수수와 보리, 사탕무 등의 곡물을 원료로 한 양조 알코올을 발효하여 만드는 무색투명한 식초이며, 산뜻한 맛이 난다. 화이트와인 식초와는 별개의 것이다. 서구에서는 대중적인 식초로 샐러드나 초절임 등에 사용한다. 또한 향이 약하고 휘발성이 있어서 청소나 살균, 유연제 및 식물의 비료로도 쓰인다.

Balsamic Vinegar

발사믹식초

오랜 숙성기간이 빚어내는
향긋함과 독특한 단맛

조리 예

▲ 발사믹소스를 뿌린 양갈비

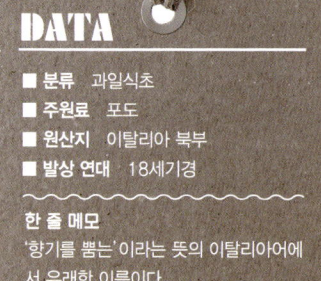

DATA
- 분류　과일식초
- 주원료　포도
- 원산지　이탈리아 북부
- 발상 연대　18세기경

한 줄 메모
'향기를 뿜는'이라는 뜻의 이탈리아어에서 유래한 이름이다.

농축한 포도즙을 발효시키고 나무통에 넣어서 장기간 숙성한 식초다. 와인식초보다 향기롭고 진한 맛이 특징이다. 이탈리아 북부의 모데나 또는 레조 에밀리아에서 최저 12년 이상 숙성시켜 만든 발사믹식초만 DOP(원산지 명칭 보호제도) 인정을 받는다. 숙성기간에 따라 등급이 매겨지는데, 그중에서도 25년 이상 숙성된 것은 '스트라베키오'라고 불리며 상당히 비싸고 귀하다.

드레싱은 물론이고 고기나 생선의 소스, 조림 등에 제격이다. 또한 독특한 단맛이 있어서 아이스크림이나 요구르트 같은 디저트의 소스로도 잘 어울린다.

Wine Vinegar

와인식초

폴리페놀이 풍부하여
생활습관병 예방에 도움이 된다

▲ 와인식초로 만든 적양파와 오레가노 절임

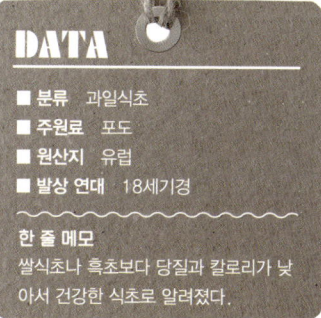

DATA
- 분류   과일식초
- 주원료 포도
- 원산지 유럽
- 발상 연대 18세기경

한 줄 메모
쌀식초나 흑초보다 당질과 칼로리가 낮아서 건강한 식초로 알려졌다.

포도즙의 사용량이 1ℓ당 300g 이상인 과일식초로 '포도식초'라고도 부르며, 양조한 와인을 다시 초산 발효하여 만든다. 유럽에서는 오래전부터 유통되었고, 프랑스 북부의 오를레앙에서 중세부터 이어진 전통 제조법으로 만드는 화이트와인식초가 특히 유명하다. 풍미가 깊은 레드와인식초는 기름진 고기나 생선의 소스에, 산뜻한 화이트와인식초는 담백한 생선의 양념이나 절임 등에 사용하면 좋다.

폴리페놀이 함유되어 동맥경화나 고혈압, 당뇨병의 예방, 항산화 작용을 한다고 알려졌다.

Apple Cider Vinegar

애플사이다식초

식초

애플사이다식초

피부미용과 다이어트 효과로
유명인에게 인기 많은 사과식초

조리 예

▲ 애플사이다식초를 뿌린 샐러드는 적당히 새콤해서 맛있다

DATA

- 분류　과일식초
- 주원료　사과
- 원산지　미상
- 발상 연대　미상

한 줄 메모
미국에서는 식초라고 하면 애플사이다 식초를 가리킬 만큼 대중적인 식초.

사과즙으로 만든 발포주인 사이다를 초산 발효하여 만드는 식초로 '사과식초'라고도 부른다. 전 세계에서 만들어지며, 프랑스 북서부의 노르망디 지방에서 생산한 애플사이다식초가 특히 유명하다. 사과의 은은한 단맛과 가벼운 산미가 특징으로 드레싱이나 절임, 조림은 물론이고, 인도 요리에 필수 소스인 처트니(Chutney) 등에도 사용된다(126쪽 참고).

피부미용과 다이어트에 효과가 있다고 하니 물과 꿀을 넣어 음료처럼 마셔보는 것도 추천한다. 다른 식초보다 초산 성분이 적어서 마시기 편하지만, 너무 많이 마시면 위통을 일으키므로 주의가 필요하다.

Ponzu

폰즈

모든 요리에 어울리는
감귤의 상큼한 산미

▲ 폰즈와 간장을 뿌린 대구의 이리

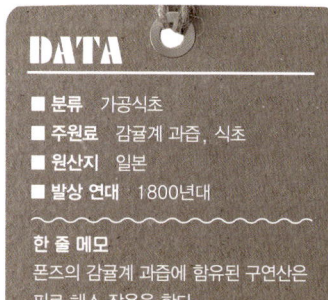

DATA
- 분류   가공식초
- 주원료 감귤계 과즙, 식초
- 원산지 일본
- 발상 연대 1800년대

한 줄 메모
폰즈의 감귤계 과즙에 함유된 구연산은 피로 해소 작용을 한다.

광귤, 유자, 영귤 및 가보스 등의 감귤계 과즙에 식초를 첨가한 조미료다. 조림이나 볶음, 전골 및 교자 양념장 등에 산뜻한 풍미를 부여할 수 있다.

에도 시대에 네덜란드에서 나가사키로 들어온, 감귤류 과즙으로 만든 '폰스(Pons)'라는 알코올음료를 폰즈의 원형으로 본다. 이 감귤류 과즙은 조미료로서 빠르게 퍼져나갔으며 저장성을 높이기 위해서 식초를 첨가하게 되었다. 그때까지 동일본 지역에는 폰즈가 널리 보급되지 않았으나, 1980년대 이후 대형 조미료 제조사의 영업 노력이 빛을 발하여 간장이 들어간 폰즈가 가정의 기본 조미료로 자리 잡게 되었다.

Nihaizu · Sanbaizu

니하이즈 · 산바이즈

식재료 본연의 맛을 돋워주는 일본인에게 친숙한 맛

DATA
- 분류 가공식초
- 주원료 니하이즈: 식초, 간장 / 산바이즈: 식초, 간장, 미림
- 원산지 일본
- 발상 연대 미상

같은 양의 식초와 간장을 섞은 초간장을 일본에서는 니하이즈(이배초 혹은 초간장)라고 한다. 실제로는 식초 3 : 간장 2의 비율로 배합하는 경우가 많으며 소금이나 맛국물을 넣기도 한다. 한편 식초와 간장, 미림을 1 : 1 : 1씩 넣으면 산바이즈(삼배초)라고 부른다. 현재는 식초 2 : 미림 2 : 간장 1의 비율로 많이 배합한다. 단맛과 신맛, 감칠맛이 조화로워서 초무침 등에 사용된다.

Tosazu

도사즈

감칠맛과 깊은 풍미가 있는 담백하고 순한 식초

DATA
- 분류 가공식초
- 주원료 식초, 간장, 미림, 가쓰오부시 국물
- 원산지 일본
- 발상 연대 미상

산바이즈에 가쓰오부시 국물을 넣은 것으로, 가다랑어 명산지인 도사(현재의 고치현)에서 이름을 따와 도사즈라고 부른다. 가쓰오부시 국물은 식초의 자극적인 맛을 억제하여 신맛을 순하게 만드는 역할을 한다.

가다랑어 다타키(손질한 가다랑어 표면을 센 불로 그을린 다음 칼등으로 두드려서 회로 뜬 것)나 각종 무침, 난반즈케(기름에 튀긴 생선을 초간장에 남서 먹는 요리) 등을 만들 때 사용하면 좋다. 도사즈를 젤리로 만들어 곁들이면 한결 시원하고 고급스러워 보인다.

column

과일식초 만드는 법

식초에 과일을 담가서 만드는 과일식초. 집에서 만들기 번거로워 보이지만 의외로 간단하게 만들 수 있다. 쉽고 맛있게 일상에서 즐겨보자.

재료
- 좋아하는 과일 … 300g
- 얼음사탕* … 300g
- 식초(사과식초, 흑초, 쌀식초 등) … 300g
  (과일, 얼음사탕, 식초의 양은 각각 1:1:1 기준)

*얼음사탕은 순도가 높은 수크로스액을 조려서 만든 결정이 큰 설탕을 말하며, 부서진 얼음덩어리처럼 생겨 빙당(氷糖)이라고도 한다.

만드는 법

1. 과일을 먹기 좋은 크기로 썰고 불필요한 수분을 닦아낸다.
2. 끓는 물로 소독한 용기에 얼음사탕과 과일을 번갈아 넣고 과일이 잠길 때까지 식초를 붓는다.
3. 약 1주일 동안 매일 1회 이상, 용기를 흔들어서 과일이 식초에 잠기도록 한다. 얼음사탕이 녹으면 완성이다.

- 담가둔 과일은 1~2주 정도 지나면 꺼낸다. 이 과일은 먹어도 괜찮다.
- 담그는 동안에는 상온에 두고, 완성된 과일식초는 냉장고에 보관한다. 1년 정도 보관할 수 있지만 가장 신선한 한 달 이내에 다 먹는 것을 추천한다.

◆ 주의할 점
- 과일이 떠올라서 공기와 접촉하면 곰팡이가 생길 수 있으므로 얼음사탕이 녹을 때까지 매일 용기를 흔들어준다.
- 원액 그대로 많이 마시면 위에 강한 자극을 주므로 하루에 15~30cc 정도를 물이나 음료에 4배 이상 희석하여 마신다.

과일식초 활용법

탄산수에 희석해서 상큼하게. 더운 날이나 목욕 후에 마시면 기분이 상쾌해진다.

우유나 두유에 넣어 신맛을 부드럽게. 식초를 좋아하지 않는 아이들도 마시기 좋다.

담갔던 과일과 함께 플레인 요구르트 토핑으로. 순식간에 새콤달콤한 디저트로 변신한다.

설탕 *Sugar*

전 세계에서 요리와 베이킹에 사용하는 감미료

- ◆ 그래뉼러당
- ◆ 정백당
- ◆ 황설탕
- ◆ 상백당(백설탕)
- ◆ 삼온당
- ◆ 머스코바도
- ◆ 케인 슈거
- ◆ 비트 슈거
- ◆ 팜슈거
- ◆ 메이플슈거

Knowledge of Sugar
설탕 상식 이야기

설탕이란

흔히 설탕이라고 불리는 물질의 화학명인 수크로스(sucrose)[1]를 주성분으로 하는 천연 감미료다. 이는 단맛을 느끼게 하는 조미료 및 식품첨가물의 총칭으로 사탕수수나 사탕무의 즙을 정제하고 결정화하여 만든다. 제조법에 따라 크게 정제당과 함밀당으로 구분한다. 정제당은 제조공정에서 발생하는 당분의 결정과 당밀을 분리하여 결정만 추출한 것으로 싸라기설탕, 연질 설탕, 가공당 등으로 나뉜다.

정제당(분밀당)

싸라기설탕은 결정이 크고 투명하며 당도가 99% 이상이다. 고급스러운 단맛이 나며 천천히 녹아서 과실주나 과자, 청량음료 등에 사용한다. 정백당, 황설탕, 그래뉼러당 등이 포함된다.

연질 설탕은 싸라기설탕보다 결정이 작고 당도는 94~96% 정도이다. 입자가 쉽게 들러붙기 때문에 소량의 비스코(visco)[2]가 첨가되어 있다. 그래서 약간 촉촉하고 물이 잘 든다. 상백당(백설탕), 삼온당 등이 해당한다.

가공당은 정제당을 재차 가공한 것으로 각설탕, 얼음사탕, 분당 등이 있다.

함밀당(비정제원당)

원료의 착즙에서 불순물을 제거하고 졸여서 결정화한, 당밀 성분을 그대로 함유한 설탕이다. 머스코바도, 케인 슈거, 비트 슈거, 팜슈거 등이 포함된다.

설탕의 역할

설탕은 물 분자를 좋아하는 성질, 즉 친수성이 높아서 식품의 조리와 가공에 중요한 역할을 한다. 잼처럼 설탕을 많이 사용한 식품이 잘 상하지 않는 이유는, 설탕이 식품의 수분을 끌어당김으로써 미생물의 수분 이용을 방해하기 때문이다. 또한, 달걀흰자 단백질의 수분을 끌어당겨 거품을 안정시킨다. 따라서 머랭이나 휘핑크림을 만들 때 설탕을 넣으면 거품이 잘 일어난다.

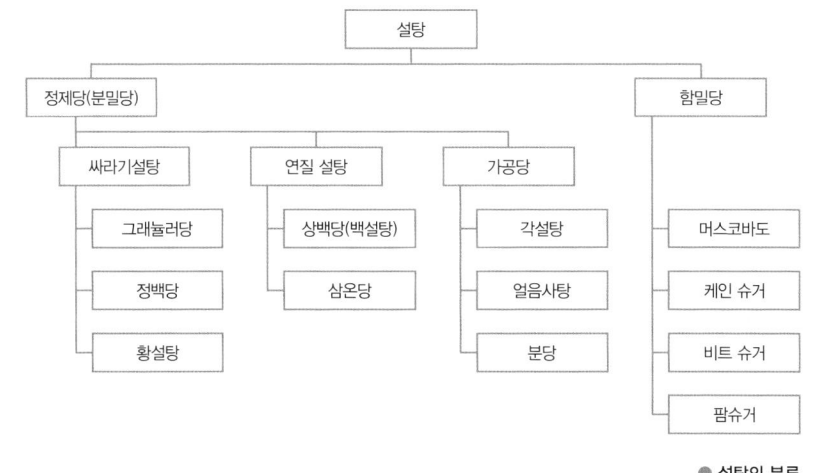

● 설탕의 분류

설탕의 역사

사탕수수의 기원

사탕수수 원산지는 지금의 뉴기니섬 주변으로, 기원전 8000년경에 이미 사탕수수를 재배하고 있었다. 그 후 기원전 4세기 무렵에 인도로 전해졌으며 갠지스강을 기점으로 동서로 나뉘어 전 세계에 퍼져나갔다. 먼저 다다른 곳은 서쪽이었다. 기원전 327년에 시작된 알렉산더 대왕의 인도 원정 기록에 사탕수수 재배에 관한 내용이 남아 있다. 또한 스페인 등의 온난한 지역에서 재배가 시작되어, 십자군 원정을 통해 설탕이 유럽 전역으로 확산하였다. 이후 15세기경 콜럼버스에 의해 영국에서 바다를 건너 아메리카 대륙으로 전해졌다. 한편 갠지스강 동쪽으로도 사탕수수가 전해졌는데, 5세기 무렵에는 중국에서도 사탕수수 즙을 졸여서 건조한, 현재의 설탕에 가까운 것이 만들어졌다.

사탕무 설탕의 기원

사탕무를 설탕용으로 재배하기 시작한 시기는 1700년대로, 독일의 화학자가 사탕무 설탕을 발명하면서부터다. 그 후 프랑스 황제 나폴레옹이 1806년에 대륙봉쇄령을 내리면서 유럽으로의 설탕 공급이 중단되었다. 그 결과 사탕무 설탕의 산업화가 진행되었고, 프랑스와 독일을 중심으로 유럽의 설탕은 사탕무 설탕이 주류를 이루게 되었다.

일본의 설탕 제조

일본에는 나라 시대에 설탕이 유입되었으며, 754년에 당나라 승려 감진이 일본으로 건너가면서 설탕을 가지고 간 것이 시초로 알려졌다.[3] 대단히 진귀한 고급품으로 귀한 대접을 받았는데, 처음에는 약으로 취급했다. 그 후 15세기에 차 문화가 발달하자, 차에 곁들이는 과자를 만들 때도 사용하게 되었다. 17세기 이후 포르투갈과 스페인을 상대로 한 남만무역을 통해 설탕 수입이 증가했다. 18세기에는 에도 막부의 8대 장군인 도쿠가와 요시무네가 설탕의 국산화를 추진하여 전국 각지로 제당업이 확대되었다. 사탕무를 재배하기 시작한 것은 메이지 시대였다. 당시 대대적인 개척이 이뤄지던 홋카이도에서 재배와 정제에 도전했으나 성공하지 못했고, 사탕무 설탕 사업은 한때 자취를 감추었다. 다이쇼 시대에 도카치에서 부활한 사탕무 설탕 사업은 우여곡절을 거치면서 홋카이도의 핵심 작물로서 중요한 위치를 차지하기에 이르렀다.

Granulated Sugar

그래뉼러당

곱고 보슬보슬한
범용성 높은 설탕

▲ 그래뉼러당은 베이킹에 자주 쓰인다

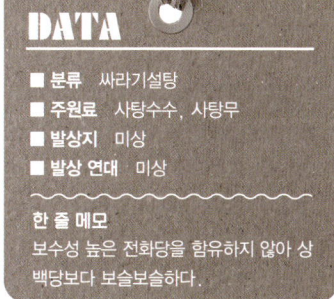

DATA

- 분류　싸라기설탕
- 주원료　사탕수수, 사탕무
- 발상지　미상
- 발상 연대　미상

한 줄 메모
보수성 높은 전화당을 함유하지 않아 상백당보다 보슬보슬하다.

감미료로 친숙한 그래뉼러당은 설탕 중에서도 수크로스 순도가 가장 높으며, 결정이 곱고 보슬보슬하다. 전 세계적으로 설탕이라고 하면 대개는 그래뉼러당을 가리킨다. 금방 녹고 잘 타지 않는 성질을 지녔다. 영어 'granulated(과립 모양의)'에서 유래되었고, 입자가 고와 '캐스터 슈거'라고도 부른다.

북미에는 그래뉼러당을 더 곱게 가공한 '슈퍼파인 슈거(superfine sugar)'가 있다. 한편 일본에는 그래뉼러당에 공기를 넣어 만든 '프로스트 슈거'라는 일본 닛싱 제당의 상품이 있으며, 아이싱 등을 만들 때 사용한다.

Caster Sugar

정백당

토핑에 가장 적합한
결정이 예쁜 싸라기설탕

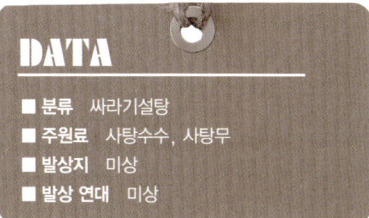

DATA
- 분류　싸라기설탕
- 주원료　사탕수수, 사탕무
- 발상지　미상
- 발상 연대　미상

그래뉼러당보다 결정이 크고 무색투명한 설탕으로 '싸라기설탕', '정백당'이라고도 부른다. 수크로스 순도가 높고 튀지 않는 담백한 맛이 특징이며 식재료 본연의 맛을 이끌어 낸다. 고온에서도 잘 녹지 않아서 전병과자나 카스텔라의 토핑 등에 매우 적합하다. 원래는 알갱이가 굵다하여 '굵은 설탕'이라고 불렀다.

Brown Sugar (Chuzaratou)

황설탕

추억이 느껴지는
캐러멜 풍미의 설탕

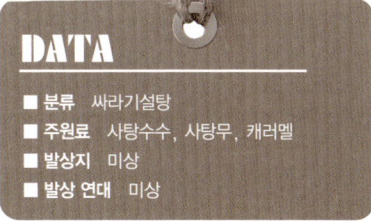

DATA
- 분류　싸라기설탕
- 주원료　사탕수수, 사탕무, 캐러멜
- 발상지　미상
- 발상 연대　미상

순도 높은 황갈색의 굵은 결정이 특징으로 일본식 달고나인 캐러멜야키를 만들 때 꼭 필요한 설탕이다. 백설탕과 제조법이 동일하지만, 마지막에 캐러멜을 섞거나 표면에 분무함으로써 캐러멜 풍미의 향긋한 설탕이 만들어진다. 간장과 잘 어우러져서 조림이나 데리야키 같은 일식 조리에도 알맞다.

White Sugar

상백당(백설탕)

촉촉하고 풍미가 부드러운
일본의 독자적인 설탕

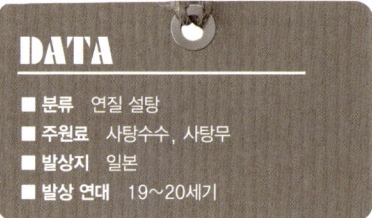

DATA
- 분류   연질 설탕
- 주원료   사탕수수, 사탕무
- 발상지   일본
- 발상 연대   19~20세기

상백당은 일본에서 독자적으로 개발한 설탕으로, 일본 설탕 전체 소비량의 절반 이상을 차지한다. 당의 재결정을 방지하기 위해서 비스코라고 부르는 포도당과 과당을 혼합한 당액을 첨가하여 제조한다. 그래서 그래뉼러당보다 촉촉하다. 열을 가하면 갈색으로 변하는 갈변 반응이 일어나서 잘 탄다. 흔히 백설탕이라 하는 것이 상백당이다.

Sanontou

삼온당

세 번 졸여서 만드는
촉촉하고 풍미 깊은 설탕

DATA
- 분류   연질 설탕
- 주원료   사탕수수, 사탕무
- 발상지   일본
- 발상 연대   19~20세기

상백당과 마찬가지로 일본 특유의 설탕이다. 결정을 제거한 당액을 졸여서 만들며, 당액을 세 번 졸이는 공정 때문에 붙여진 이름이다. 가열하면 당액이 황갈색으로 변하고 캐러멜 성분이 형성되어서 단맛이 강하고 캐러멜 풍미가 느껴진다. 가쿠니 등의 고기 조림에 추천한다.

Muscovado

머스코바도

중독성 있는 독특한 풍미
건강식품으로도 친숙

▲ 영국의 전통 디저트 스티키 토피 푸딩

DATA

- **분류** 함밀당
- **주원료** 사탕수수
- **발상지** 인도
- **발상 연대** 미상

한 줄 메모
칼슘과 철, 아연 등 각종 미네랄 성분이 풍부하다.

사탕수수즙을 졸여서 만드는 비정제 갈색 설탕으로 '흑당'이라고도 부른다. 1623년 류큐 왕국의 무사 가문 출신인 기마 신조가 중국에 보낸 사절단을 통해서 흑설탕 제조법이 일본으로 전해졌다. 쌀 재배에 맞지 않는 토양에서도 사탕수수 재배는 어렵지 않았기 때문에, 오키나와현과 가고시마현의 외딴 섬을 중심으로 생산이 이루어졌다.

머스코바도는 당밀 함량이 높아서 금방 굳어버리므로 대개는 덩어리를 부순 상태 그대로 판매한다. 사탕수수 재배가 활발한 일부 지역에서는 감미료로 유통되지만, 그 밖의 지역에서는 건강식품으로 취급하는 경우가 많다.

설탕 / 머스코바도

Cane Sugar

케인 슈거

사탕수수의 풍미와
풍부한 미네랄

조리 예

▲ 사탕수수 설탕 소스를 뿌린 쌀과자 라이스크리스피

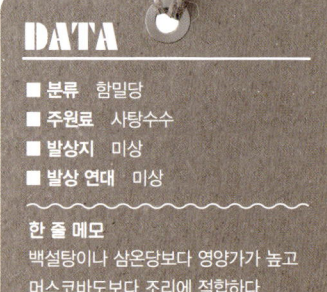

DATA

- 분류　함밀당
- 주원료　사탕수수
- 발상지　미상
- 발상 연대　미상

한 줄 메모
백설탕이나 삼온당보다 영양가가 높고 머스코바도보다 조리에 적합하다.

사탕수수에서 최소한의 불순물을 제거하고 졸여서 만드는 설탕으로 자연스러운 연갈색을 띤다. 제조과정에서 당밀을 분리하는 그래뉼러당이나 상백당과 달리 당밀을 함유하고 있다. 그래서 칼륨이나 나트륨 등의 미네랄이 풍부하고 머스코바도처럼 독특한 풍미와 순한 단맛이 특징이다.

색이 배는 것에 민감하지 않다면 상백당처럼 요리며 과자, 커피 등에 폭넓게 쓸 수 있다. 특히 데리야키나 지쿠젠니같이 깊은 맛과 향을 내고 싶은 일식 양념에 최적이다. 제조사마다 정제하는 정도가 달라서 풍미와 진하기도 각양각색이다.

Beet Sugar

비트 슈거

설탕 / 비트 슈거

상백당처럼 쓸 수 있는
부드러운 맛의 설탕

▲ 토란 조림같이 색이 배도 되는 요리에 쓰기 적당하다

DATA

- 분류   함밀당
- 주원료   사탕무
- 발상지   미상
- 발상 연대   미상

한 줄 메모
순무 또는 무처럼 생겼으나 시금치와 같은 명아줏과에 속한다.

'첨채'라는 이름으로 알려진 사탕무는 비트의 설탕용 품종이다. 18세기 독일의 화학자가 사탕무에서 설탕을 추출한 것이 사탕무 설탕, 즉 비트 슈거의 시초다. 19세기에 나폴레옹의 대륙봉쇄령으로 설탕 가격이 급등하면서 사탕무 설탕이 일반에 보급되었다. 19세기 말에 일본으로 유입되었으며, 냉해에 강해서 홋카이도에 적합한 한랭지 작물로서 재배하게 되었다.

순한 단맛과 풍미, 깊은 맛을 특징으로 하며, 상백당처럼 다양한 요리와 베이킹 등에 사용할 수 있다. 또한 천연 올리고당을 함유하고 있어서 장내 환경을 개선하는 효과를 기대할 수 있다.

Palm Sugar

팜슈거

설탕 / 팜슈거

온난한 지역에서 사랑받는
살이 잘 찌지 않는 설탕

조리 예

DATA

- 분류   함밀당
- 주원료   야자나무
- 발상지   미상
- 발상 연대 미상

한 줄 메모
야자나무 한 그루에서 단 몇백 그램만 채취할 수 있는 희귀한 설탕.

▲ 팜슈거와 타마린드를 넣은 코코넛 주스

야자나무의 꽃눈이나 수액을 졸여서 만드는 순한 단맛이 특징인 설탕이다. '야자당'이라고도 부른다. 3,000종 이상의 야자나무 중에서 주로 다라수와 사탕야자, 니파야자를 팜슈거 제조에 사용한다. 고형 및 액체와 과립도 있어서 폭넓게 사용할 수 있다.

캄보디아를 중심으로 동남아시아에서 널리 유통되며, 혈당치를 높이 올리지 않는 저 GI 식품으로 전 세계에서 주목받고 있다(GI 지수= 혈당치를 상승시키는 정도를 나타내는 지표). 또한 미네랄 및 폴리페놀 함유량이 많아서 항산화 작용을 기대할 수 있다. 한편 야자의 일종인 코코야자에서 채취하는 설탕은 '코코넛슈거(Coconut Sugar)'라고 한다.

Maple Sugar

메이플슈거

숲의 축복으로 탄생한
귀한 감미료

조리 예

▲ 메이플슈거로 풍미를 더한 펌킨라테

DATA

- **분류**　함밀당
- **주원료**　설탕단풍나무
- **발상지**　캐나다·미국
- **발상 연대**　미상

한 줄 메모
따뜻한 물에 녹이면 메이플시럽 대용으로 쓸 수 있다.

　단풍나무 수액을 농축하여 수분을 제거한 감미료로 '단풍당'이라고도 부른다. 수령 40년 이상 된 설탕단풍나무 줄기에서 채취한 수액을 40분의 1로 졸이면 메이플시럽이 되고, 이것을 더 졸여서 분말로 만들면 메이플슈거가 된다. 주로 캐나다 남서부와 미국 북동부에서 생산되며, 1600년대에 개척민이 들어오기 전부터 선주민들이 만들어왔다.

　생산량이 적어서 다른 설탕보다 비싸지만, 칼로리는 설탕보다 낮고 다양한 미네랄 성분이 풍부하게 함유되어 있다. 베이킹에 사용하면 메이플 향이 도드라진다.

미소된장 *Miso*

일본 각지에서 제조되는 지역성 강한 발효식품

- ◆ 고메미소
- ◆ 무기미소
- ◆ 마메미소
- ◆ 모로미미소
- ◆ 소테츠미소

Knowledge of Miso
미소된장 상식 이야기

미소된장이란

콩이나 쌀, 보리 등을 찐 것에 소금과 누룩을 섞어서 발효시킨 조미료다. 일본 전통 식품의 하나로, 미소된장국은 미소를 사용한 가장 대표적인 가정요리다. 단백질과 아미노산, 비타민 및 칼륨, 마그네슘, 미네랄, 식이섬유 등의 영양소를 풍부하게 함유하고 있다. 예로부터 미소된장을 먹으면 의사가 필요 없다는 말이 전해 내려온다.

미소된장의 역사

미소된장의 기원

미소된장의 기원에는 두 가지 설이 있다. 하나는 고대 중국의 장에서 유래했다는 설이다. 콩을 원료로 만든 장이 당나라에 파견하던 사신인 견당사를 통해 일본으로 전해져서 미소된장으로 발전했다고 보는 견해다. 다른 하나는 일본에서 독자적으로 발생했다는 설이다. 조몬 시대(선사 시대)에는 도토리로 미소된장 비슷한 음식을 만들어 먹은 사실이 확인된 바 있다.

반찬에서 조미료로

미소(みそ)[1]라는 글자가 처음 등장한 문헌은 헤이안 시대에 기록된 『일본삼대실록(日本三代實錄)』이다. 이 시기의 사람들은 미소를 조미료로 사용하지 않고 나메미소라고 해서 음식에 곁들이거나 날된장을 그대로 먹었다. 또한 귀족이 먹는 고급품이었기 때문에 서민은 먹을 기회가 없었다.

가마쿠라 시대에 접어들면서 미소를 물에 풀어 미소된장국을 만들 수 있게 되었고, 밥과 미소된장국과 반찬이라는 가마쿠라 무사의 기본적인 식사 구성이 확립되었다. 에도 시대에는 미소 만들기가 활발해지고 각 지방의 풍토와 식습관을 반영한 미소된장이 다양하게 제조되었다. 동시에 이 무렵부터 미소된장을 활용한 요리가 발달했다.

미소된장의 분류와 분포

미소된장 분류법

미소된장은 원료에 따라 크게 고메미소, 무기미소, 마메미소의 세 가지로 분류한다. 그리고 여러 미소를 혼합한 아와세미소와 원료가 고형 상태로 남아 있는 모로미미소가 있다.

또한 맛이 짠 정도에 따라서 아마쿠치나 가라쿠치 등으로 나뉘는데, 맛은 소금 함량과 누룩 비율의 값으로 결정된다. 누룩 비율의 값이란 원료인 대두 대비 누룩의 비율을 가리키며, 염분이 동일한 경우 누룩 비율의 값이 큰 쪽이 아마쿠치가 된다. 색에 따라서는 적갈색이 도는 아카 미소, 조금 연한 단쇼쿠 미소, 아주 밝은 색의 시로 미소로도 구분한다. 원재료나 공정에도 영향을 받지만, 숙성기간이 짧으면 원료에 가까운 연한 색이 되고 숙성기간이 길면 한결 갈색에 가까워진다.

지역마다 다른 미소된장의 원료

미소된장의 원료가 되는 곡물은 전국적으로 쌀이 가장 많고, 주부 지방에서는 콩, 규슈 및 시코쿠 일부 지역에서는 보리를 사용하기도 한다.

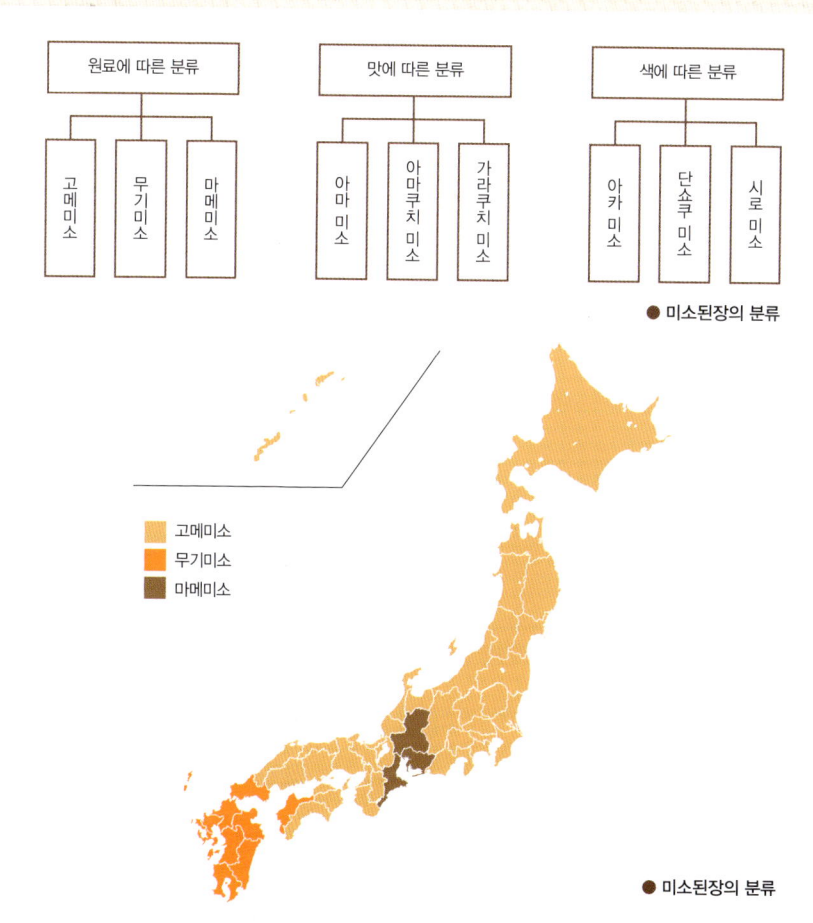

● 미소된장의 분류

● 미소된장의 분류

Kome-Miso

고메미소

전국적으로 사랑받는
담백한 일본의 맛

조리 예

 일식의 정석, 고등어 미소조림

DATA
- **분류** 고메미소
- **주원료** 콩, 쌀
- **발상지** 미상
- **발상 연대** 미상

한 줄 메모
쌀누룩이 많고 염분이 적으면 색이 옅어지고, 쌀누룩이 적고 염분이 많으면 검붉어진다.

콩에 소금과 쌀누룩을 넣고 발효·숙성시켜 만들며 일본에서 생산되는 미소된장의 80%를 차지한다. 마메미소보다 숙성시간이 짧아서 2주에서 수개월이면 출하된다. 콩과 쌀누룩의 비율에 따라 풍미가 달라지는데 누룩이 많이 들어가면 쌀의 단맛과 누룩의 향이 강해진다. 또한 미소된장의 색깔은 콩이나 누룩에 함유된 아미노산과 당이 반응하여 일으키는 마이야르 반응(Maillard reaction) 정도에 따라 달라진다.

동일본에서는 아카 미소가 주류를 이루고, 간사이에서는 시로 미소를 많이 사용한다. 또한 센다이미소(센다이의 전통 방식), 신슈미소(나가노현을 중심으로 생산) 등의 가라쿠치 미소나 에도미소(도쿄 및 그 인근에서 생산), 교후시로미소(교토 생산으로 추정) 등의 아마 미소도 있다.

무기미소

Mugi-Miso

풍부한 식이섬유와
보리 특유의 부드러운 향

조리 예

▲ 단맛이 도는 무기미소에는 건더기를 듬뿍 넣은 돈지루
(돼지고기를 넣고 끓인 미소된장국)가 제격이다

DATA

- **분류** 무기미소
- **주원료** 콩, 보리
- **발상지** 일본(규슈 지방)
- **발상 연대** 헤이안 시대

한 줄 메모
보리를 원료로 하여 고메미소보다
칼륨, 칼슘, 철분이 풍부하다.

일본 미소 생산량의 약 10%를 차지하는 무기미소는 콩과 겉보리, 또는 쌀보리를 원료로 만드는 미소된장이다. 시골 된장이라는 뜻의 '이나카미소'라고도 부르며, 보리 재배가 활발한 규슈 지방을 중심으로, 주고쿠 및 시코쿠의 세토우치 지역과 기타칸토 일부에서 생산된다. 지역마다 풍미가 다르며 나가사키에서는 '시마바라미소', 가고시마에서는 '사쓰마미소'라고도 부른다.

보리로 만들어 향이 구수하고 염분량은 10~11%로 적다. 보리에서 유래하는 식이성 섬유인 보리 베타글루칸이 풍부해서 식후 혈당치가 급상승하는 것을 억제하는 효과가 있다. 고메미소와 마찬가지로 아마쿠치와 가라쿠치, 단쇼쿠와 아카 미소로 분류할 수 있다.

Soy Bean Miso

마메미소

전국시대 무장도 즐겨 먹은
진한 감칠맛과 깊은 풍미의 된장

조리 예

▲ 마메미소 베이스의 소스를 뿌린 미소 돈가스 덮밥

DATA

- 분류 마메미소
- 주원료 콩
- 발상지 일본(도카이 지방)
- 발상 연대 미상

한 줄 메모
누룩곰팡이를 섞어 메주를 띄우는 방식으로 만들어 장기보존이 가능하다.

콩과 소금, 물을 원료로 장기 숙성하여 만드는 미소된장이며, 아이치현을 중심으로 도카이 지방에서 생산된다. 염분 농도가 높고 진한 감칠맛이 특징이다. 아이치현 오카자키시 핫초초에서 만드는 마메미소는 '핫초미소'라는 이름으로 유명한데, 나고야 지역 일부에서는 검은 핫초미소까지 포함해서 '아카 미소'라고 부른다. 이밖에 '산슈미소', '나고야미소' 등 부르는 이름이 다양하다. 단백질이 풍부하고 영양가도 높아서 도카이 지방에서는 전국시대부터 무장들이 미소 만들기를 장려했다.

끓일수록 깊은 맛이 우러나서 미소된장을 넣어 끓인 우동이나 소 힘줄을 조린 도테니 등, 아이치현 향토 요리에는 마메미소를 사용한 음식이 많다.

Moromi Miso

모로미미소

알갱이 씹는 맛이 매력적인
반찬용 미소된장

조리 예

▶ 오이에 긴잔지미소(겨울에 먹기 위한 보존식으로 만든 된장, 반찬용)를
  곁들여서 간단하게 먹는다

DATA

- **분류** 모로미미소
- **주원료** 콩, 보리 등
- **발상지** 일본(와카야마현)
- **발상 연대** 가마쿠라 시대

한 줄 메모
모로미미소의 발효 기간은 약 1~2주로 다른 미소된장보다 짧다.

볶은 콩과 밀가루, 쌀보리를 발효·숙성한 것으로 알알이 씹히는 식감이 있다. 원래 모로미는 간장이나 미소된장을 만들기 위해 양조한 액체 속 건더기로, 원료가 발효되어 부드러워진 고형물을 가리킨다. 이것을 짜내면 간장이나 미소된장이 된다. 모로미미소 중에서도 와카야마현 등지에서 생산하는 긴잔지미소가 유명한데, 곡물뿐만 아니라 울외며 가지, 생강 등의 채소도 함께 담그는 것이 특징이다.

오이나 밥처럼 맛이 담백한 음식에 뿌려서 먹으면 맛있다. 이렇게 밥반찬으로 먹을 수 있는 미소된장을 '나메미소'라고 한다.

Sotetsu Miso

소테츠미소

독을 제거하고 만드는
정겨운 맛

▲소철 열매.

▲ 초된장을 뿌린 생선회는 아마미오섬의 대표 요리

DATA

- **분류**   모로미미소
- **주원료**   소철, 콩, 보리 등
- **발상지**   일본(가고시마현, 오키나와현)
- **발상 연대**   가마쿠라 시대

한 줄 메모
현지에서는 술안주나 밥반찬, 차와 곁들여 먹는 음식으로 친숙하다.

일본어로 소테쓰라고 하는 소철의 열매와 현미, 콩을 넣어서 만들어 독특한 풍미와 단맛이 특징인 미소된장이며, 조미료로 이용하거나 반찬용인 나메미소로 먹는다. 가고시마현의 아마미오섬과 오키노에라부섬, 오키나와현의 아구니섬에서 생산된다. 1939년에 가고시마 시립공업연구소에서 제조하여 일반에 널리 판매한 것이 소테츠미소의 시초다. 소철은 야자나무와 비슷한 일본의 고유종 식물로 발암성 물질인 사이카신을 함유하고 있다. 그래서 독 제거 작업이 필요하다. 소테츠미소를 만들 때는 미생물의 작용으로 독소를 제거하는 '해독 발효'가 이루어진다. 아마미오섬에는 소테츠미소를 듬뿍 넣은 향토 요리가 많다.

column

누룩소금 만드는 법

건강에 대한 인식이 향상되면서 발효 조미료의 하나인 누룩소금(시오코우지)이 재조명되고 있다. 2011년부터 주목을 받고 일반에 알려졌지만, 실은 일본에서 오래전부터 이용해 온 전통 조미료다.

누룩소금이란

누룩과 소금, 물을 섞어서 발효시킨 조미료로, 비타민B 복합체 및 판토텐산 등이 풍부하게 함유되어 있다. 그 밖에 3대 소화효소인 아밀라아제, 프로테아제, 리파아제를 함유하여 요리에 사용하는 것만으로도 소화가 잘되고 위장에 부담도 줄어든다.

누룩소금은 도호쿠 지방의 사고하치쓰케를 담그는 쓰케도코에 그 뿌리를 두고 있다. 쓰케도코란 일본식 장아찌를 담글 때 밑절미가 되는 재료를 말한다. 사고하치쓰케는 소금, 물, 누룩, 쌀을 혼합하여 발효시킨 것을 쓰케도코로 사용한 절임 식품이다. 이 쓰케도코 제조법을 간소화하여 소금, 물, 누룩을 섞어 발효시킨 것이 누룩소금이 되었고, 조미료로 사용한 것으로 보인다.

재료

- 건조 쌀누룩 … 200g
- 소금 … 60g
- 물 … 250~300cc

만드는 법

1. 건조 쌀누룩과 소금을 잘 섞어서 깨끗한 보관 용기에 담고, 재료가 물에 잠길락 말락 할 정도까지 물을 부어준다.
2. 뚜껑을 살짝 덮고 반나절 두었다가, 쌀누룩이 물을 흡수하여 수분량이 적어지면 물을 보충한다.
3. 하루 한 번 휘저어주면서 상온에서 일주일 정도 숙성시킨다.
4. 쌀누룩이 손가락으로 뭉개질 만큼 부드러워지면 완성이다. 완성된 누룩소금은 냉장고에서 보관한다.

누룩소금을 활용한 추천 요리

누룩소금에 고기나 생선을 재우면 누룩의 소화효소가 단백질을 아미노산으로 분해하여 감칠맛이 우러나고, 지방을 지방산과 글리세린으로 분해하여 담백해진다. 누룩소금의 이러한 특색을 살려 고기 요리를 하면 놀랄 만큼 육질이 부드러워져서 맛있다.

◆ 돼지고기 누룩소금 구이

재료-2인분 기준

- 돼지 등심 … 300g
- 누룩소금 … 20g
- 샐러드유 … 적당량

만드는 법

1. 저민 돼지 등심에 누룩소금을 얇게 바르고 랩을 씌워 냉장고에 30분 정도 둔다.
2. 프라이팬에 샐러드유를 두르고, 누룩소금을 바른 돼지 등심을 중간 불에서 2~3분 굽는다.
3. 뒤집어서 다시 3분 정도 구우면 완성이다.

장 *Jiàng / Hishio*

긴 역사를 지닌 발효식품

- 두반장
- 첨면장
- 지마장
- 해선장
- 하장
- 라자오장
- 두시장
- 계화장
- 사차장
- XO소스
- 마라장
- 루주 소스
- 고추장
- 된장
- 쌈장

✤ Knowledge of Jiàng ✤
장 상식 이야기

장이란

장의 개요
생선, 고기, 콩 등을 발효시킨 페이스트 상태의 조미료 또는 맛이 진한 식품을 통틀어 장이라고 한다. 일본에서는 누룩과 소금으로 식품을 발효시켜 제조한 조미료 또는 식품을 가리킨다. 일본어로는 히시오(hishio), 중국어로는 지앙(jiàng)이라고 읽는데 중화 조미료를 많이 쓰는 일본에서도 히시오를 '지앙'이라고 읽는 일이 많아졌다. 고대 중국에서 유래하여 일본으로 전해졌으며, 미소된장과 간장의 원형으로 알려졌다.

장의 특징
영양이 풍부하고 소화가 잘되며 식욕을 증진하는 작용을 한다. 광대한 중국에는 지방마다 전통적이고 독특한 장이 남아 있다. 또한 같은 종류의 장이라도 그 지방의 기후조건이나 가공원료에 따라서 제조 방법이 다르다. 이번 장에서는 중화요리와 한국 요리에 사용하는 장에 관해서 설명한다.

장의 역사

중국의 장
장이 처음 등장하는 중국의 고서 『주례』에 따르면 왕가에서 먹는 기본 요리를 만들 때 120 종류의 장을 사용했다고 한다. 이때부터 이미 다종다양한 장을 만들었으며 요리에 필수적인 재료였다는 사실을 엿볼 수 있다. 그 다음으로 기원전 6세기경의 『논어』에도 장에 대한 기록이 나온다. 공자가 식사 예절을 논하는 내용 중에 '요리의 법도에 어긋난 것은 먹지 않는다. 각각의 요리에 어울리는 장을 구하지 못하면 먹지 않는다'고 하는 구절이 있다.[1]

한국의 장
한국의 장은 중국에서 전래하였다고 알려져 있다. 약 3000년 전 중국 동북부에서 만들어진 간장과 된장이 한국으로 전해져서 지금의 형태가 되었다고 한다.[2]

Broad Bean Chili Sauce

두반장

쓰촨요리에 빼놓을 수 없는
알싸한 자극

▲ 쓰촨식 매콤한 마파두부에는 필수다

DATA

- 분류   장
- 주원료   누에콩, 고추 등
- 발상지   중국
- 발상 연대   19세기

한 줄 메모
두반(豆板)이란 누에콩이 속껍질에서 발아한 상태를 가리킨다.

껍질 벗긴 누에콩을 발효시켜 만든 된장에 고추와 소금 등을 첨가한 조미료다. 매콤하게 만든 핫초미소 맛과 비슷하다. 원래는 고추를 넣지 않고 누에콩만으로 만든 것을 두반장이라고 하고, 매운맛 두반장은 '두반라장'이라고 불렀다. 쓰촨성에서 고추가 많이 생산되다 보니 쓰촨요리에는 빼놓을 수 없는 조미료가 되었다.

지역에 따라서 풍미와 매운맛이 다른데, 그중에서도 최고급 두반장으로 명성이 자자한 청두시의 비현 두반장은 풍미가 깊고 짠맛과 매운맛이 모두 순하다. 두반장을 사용하는 대표적인 요리로는 마파두부, 회과육, 탄탄면 등이 있으며 세계 곳곳에서 맛볼 수 있다.

Sweet Bean Sauce

첨면장

**북경오리에 어울리는
중국의 단맛 된장**

조리 예

▲ 진하고 달콤 짭짤한 첨면장과 북경오리는 찰떡궁합

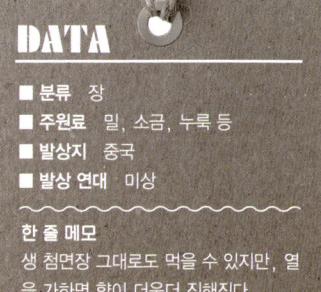

DATA
- 분류　장
- 주원료　밀, 소금, 누룩 등
- 발상지　중국
- 발상 연대　미상

한 줄 메모
생 첨면장 그대로도 먹을 수 있지만, 열을 가하면 향이 더욱더 진해진다.

일본에서는 '중화 아마 미소'라는 이름으로 알려진 첨면장은 밀가루로 만든 누룩에 소금물을 넣고 발효시켜 만드는 중국 특유의 된장이다. 첨면장의 첨(甜)은 '달다'라는 뜻이고 면(麵)은 '밀'을 가리킨다. 감칠맛은 단백질 분해로 생성되는 아미노산에서 유래하며, 달콤하고 깊은 풍미가 특징이다. 북경오리를 찍어 먹는 소스로도 유명한데, 북경오리 전문점 대다수는 자기들만의 오리지널 첨면장을 만든다. 자장면이나 마파두부 같은 볶음 및 조림의 양념으로 사용해도 맛있다.

광둥에서는 콩을 주원료로 하여 첨면장을 만든다. 일본에서는 핫초미소에 참기름이나 설탕, 간장 등을 첨가한 것이 많다.

Sesame Paste

지마장

참깨의 감칠맛을 응축한
건강에도 좋은 조미료

▲ 삶은 닭고기에 지마장 등의 소스를 뿌린 쓰촨요리 '방방지'

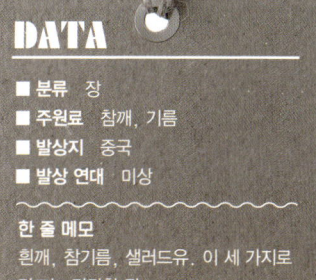

DATA

- 분류   장
- 주원료   참깨, 기름
- 발상지   중국
- 발상 연대   미상

한 줄 메모
흰깨, 참기름, 샐러드유. 이 세 가지로 만드는 간단한 장.

지마장은 볶아서 향을 낸 흰깨를 곱게 갈고 질 좋은 식물성 기름을 첨가하여 페이스트 상태로 만든 조미료다. 일본의 액상 참깨 소스인 네리고마보다 매끄럽고 잘 퍼지며 순하고 깊은 풍미가 특징이다. 탄탄면이나 방방지, 일본식 냉라멘 히야시추카의 소스 등, 참깨의 풍미를 살린 요리에는 필수적이다.

참깨의 지방에는 리놀산이나 올레산 같은 불포화지방산이 함유되어 있어서 면역력을 높이거나 콜레스테롤 수치를 낮추는 작용을 한다. 또한 다양한 비타민 및 미네랄이 풍부하고 영양가가 높아서 건강에 좋은 조미료다. 비슷한 종류의 참깨 페이스트로는 중동의 '타히니(Tahini) 소스'가 있다.

Hoisin Sauce

해선장

고기와 해산물에
모두 어울리는 달콤한 만능 장

▲ 해선장과 고이꾸온. 양념장처럼 찍어 먹어도 맛있다

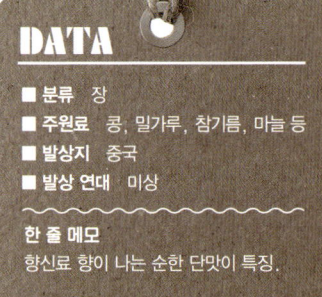

DATA
- 분류 장
- 주원료 콩, 밀가루, 참기름, 마늘 등
- 발상지 중국
- 발상 연대 미상

한 줄 메모
향신료 향이 나는 순한 단맛이 특징.

주로 홍콩이나 중국 광둥 지방에서 사용하는 첨면장과 비슷한 단맛 장이다. 이름은 '해선(海鮮)'이지만 원재료에 어패류는 들어가지 않는다. 해산물 특유의 비린내를 억제하거나, 거꾸로 해산물의 감칠맛을 끌어내 주기 때문에 붙여진 이름이다. 지역마다 원재료가 다르지만, 일반적으로는 콩을 주원료로 하여 밀가루와 참기름, 마늘이나 고추 등을 넣기도 하고, 식초나 설탕, 오향분 등을 넣기도 한다(다섯 가지-계피, 팔각, 산초, 정향, 회향이 대표적-를 가리킨다).

첨면장과 비교했을 때 해선장의 풍미가 더 독특하고 맛도 진해서, 춘권 등을 찍어 먹는 양념장이나 북경오리 소스로 추천한다. 또한 잘 타지 않기 때문에 볶음국수나 채소볶음 등에도 알맞다.

Shrimp Paste

하장

구수한 새우 향과
부드러운 감칠맛

▲ 하장을 넣은 태국식 볶음밥 '카오 크룩 까삐'

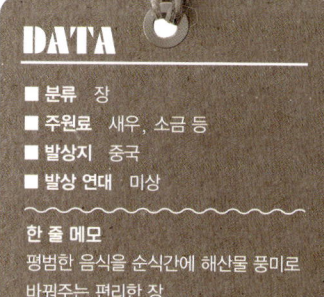

DATA
- 분류　장
- 주원료　새우, 소금 등
- 발상지　중국
- 발상 연대　미상

한 줄 메모
평범한 음식을 순식간에 해산물 풍미로 바꿔주는 편리한 장.

하장(蝦醬)은 크릴이나 새우에 소금을 넣고 발효시켜 만드는 페이스트 상태의 조미료로 중국 연안 지역, 홍콩, 동남아시아에서 사용된다. 페이스트를 캔이나 병에 밀봉하여 판매하며, 덩어리 형태의 제품 '하고(蝦膏)'도 있다.

맛은 상당히 짜고 아미노산의 감칠맛도 풍부하다. 특히 질 좋은 작은 새우로 만든 하장은 붉은 자줏빛을 띠고 끈기가 있으며, 새우의 풍미는 있으나 비리지는 않다. 가열하면 발효식품 특유의 순한맛이 우러나기 때문에 볶음밥이나 시금치 볶음은 물론이고, 닭튀김과 찜 요리의 밑간으로도 훌륭하다. 단백질, 칼슘, 지방산이 풍부해서 영양가가 높다.

Chinese Hot Chili Paste

라자오장

고추의 붉은색이 선명한, 중국의 대표적인 매운맛 조미료

조리 예

▲ 매운맛이 강렬한 전골 요리 '훠궈'는 중국 전역에서 즐겨 먹는다

DATA

- 분류   장
- 주원료 고추, 마늘, 산초, 오향분 등
- 발상지 중국
- 발상 연대 미상

한 줄 메모
중화요리는 물론이고 일본 요리에도 어울린다.

'라자오(辣椒)'는 고추를 가리키며, 쓰촨요리나 광둥식 요리의 양념으로 널리 쓰이는 중국식 칠리소스다. 고추를 장시간 소금에 절이고 마늘, 산초, 오향분 등을 섞은 페이스트 또는 퓌레 상태의 장으로, 가정에서도 간단히 만들 수 있다. 고추 본연의 붉은색과 얼얼한 매운맛 속에서 은은하게 산미가 느껴진다. 훠궈나 마라면 등 매운 요리의 양념, 물만두 양념장 같은 테이블 조미료로도 편리하다.

광시성 구이린시에서 생산되는 '구이린 라자오장(계림고추장)'은 중국 배갈 삼화주, 삭힌 두부인 두부유와 함께 계림 특산물을 대표하는 계림삼보(桂林三寶) 가운데 하나다. 일본에서는 좀처럼 구하기 어려워서 선물로도 인기가 많다.

Black Beans Sauce

두시장

진한 풍미와 감칠맛의 검정콩 베이스 조미료

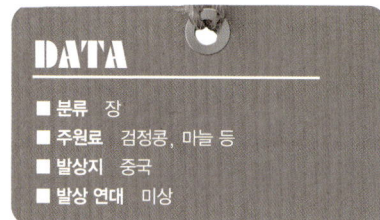

DATA
- 분류　장
- 주원료　검정콩, 마늘 등
- 발상지　중국
- 발상 연대　미상

검정콩에 소금을 넣고 발효시킨 '더우츠(두시, 말린 메줏가루)'라는 식품을 으깨어 페이스트 상태로 만든 조미료다. 맛은 콩된장과 비슷하고 짭짤한 풍미가 강하다. 맛에 깊이를 더할 때 제격으로 마파두부와 자장면, 회과육 등의 양념에 추천한다.

중국 남부와 쓰촨성에서 많이 제조되며 중국 동북 지방에서는 거의 만들지 않는다.

Sweet-scented Osmanthus Sauce

계화장

부드럽고 달콤한 금목서의 향

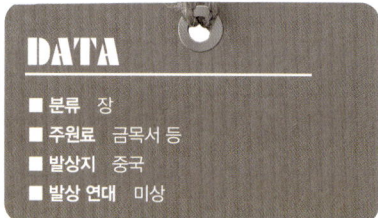

DATA
- 분류　장
- 주원료　금목서 등
- 발상지　중국
- 발상 연대　미상

중국에서는 금목서를 포함한 목서속 나무의 꽃을 말린 것을 '계화(桂花)'라고 하며, 계화장은 금목서의 꽃을 시럽에 담근 것이다. 향긋하고 달콤한 맛으로 딤섬의 팥소나 과자에 넣는 잼, 아이스크림 시럽 등에 사용되는데, 약용으로 이용했던 역사도 있다. 금목서의 산지로 이름난 구이린(계림)에서 만드는 계화장이 유명하다.

Shacha Sauce

사차장

이것 하나로 충분한
본격적인 대만의 맛

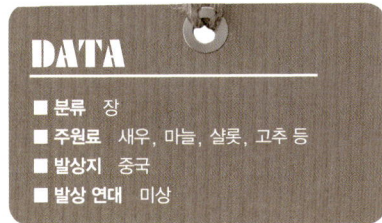

- **분류** 장
- **주원료** 새우, 마늘, 샬롯, 고추 등
- **발상지** 중국
- **발상 연대** 미상

매운맛과 감칠맛을 겸비한 사차장(沙茶醬)은 대만산 매콤한 소스다. 기본 재료인 건새우와 작은 생선에 마늘, 샬롯, 고추 등의 향미 채소를 더해서 만든다. 광둥의 차오저우 지방에서 유래했다고 알려졌으나, 원래는 인도네시아의 꼬치 요리인 사타이(Satai)에 사용하는 소스가 원형이다. 훠궈의 소스나 샤부샤부, 볶음요리에 비법 양념으로 쓰인다.

XO Sauce

XO소스

구수한 향과 감칠맛의 홍콩에서
탄생한 고급 조미료

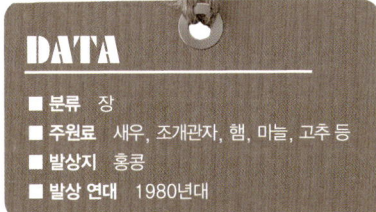

- **분류** 장
- **주원료** 새우, 조개관자, 햄, 마늘, 고추 등
- **발상지** 홍콩
- **발상 연대** 1980년대

최상등급의 코냑을 뜻하는 'Extra Old(XO)'에서 유래한 이름이다. 홍콩 페닌슐라 호텔에 근무하는 광둥요리 조리장이 개발한 된장 풍미의 혼합 조미료다. 원료는 제조사마다 다르지만, 일반적으로 건새우나 조개관자, 햄, 마늘, 고추 등이 들어간다. 현재는 전 세계에 유통되고 있으며 요리의 맛을 더욱 고급스럽게 만들어준다.

Mala Sauce

마라장

깊이 있는 매운맛에 마라 중독자 속출

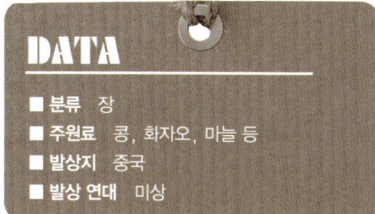

DATA
- 분류   장
- 주원료   콩, 화자오, 마늘 등
- 발상지   중국
- 발상 연대   미상

마라장은 중국에서도 인기 많은 장의 하나로, 화자오(산초의 일종)의 얼얼하고 혀가 마비되는 듯한 매콤함과 고추의 얼큰한 매운맛이 특징이다. 쓰촨요리에는 빼놓을 수 없는 조미료로 단지 맵기만 한 게 아니라 맛에서 깊이가 느껴진다. 마파두부나 탄탄면 등에 두반장 대신 사용할 수 있으며, 최근에는 일본에서도 여러 제조사에서 생산한다.

Ruzhu Sauce

루주 소스

새끼돼지 통구이에 필수인 달고 풍미 진한 소스

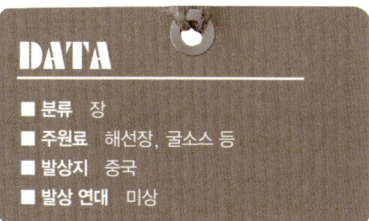

DATA
- 분류   장
- 주원료   해선장, 굴소스 등
- 발상지   중국
- 발상 연대   미상

광둥이나 홍콩, 마카오에서는 경사스러운 날에 루주(乳猪)라고 하는 새끼돼지 통구이를 먹는 풍습이 있는데, 이때 반드시 루주 소스를 곁들인다. 달콤한 양념으로 원료나 제조법은 가게마다 다르지만 대개 해선장, 굴소스, 참깨, 생강가루, 말린 귤껍질 등을 사용한다. 마늘이나 칠리소스를 넣어서 매콤하게 만들기도 한다.

Gochujang

고추장

단맛부터 매운맛까지
대표적인 한국의 맛

조리 예

▲ 고추장은 비빔밥 양념에 필수다

DATA

- 분류　장
- 주원료　찹쌀, 고추 등
- 발상지　한국
- 발상 연대　미상

한 줄 메모
발효가 천천히 진행되는 겨울철에 담가 산미가 없는 고추장을 만든다.

한반도에서 널리 사용되는 조미료다. 일본에서는 '도가라시 미소'라고도 하는데, 도가라시는 고추를 뜻한다. 찹쌀, 쌀누룩, 고추, 소금을 섞고 항아리 등에 담아 숙성시킨다. 과거에는 한국의 많은 가정에서 직접 만들었으나 1970년대에 대량으로 생산되기 시작하면서 시판 제품도 유통된다.

매운맛부터 달콤한 맛까지 여러 가지 타입이 있으며, 올리고당이나 설탕, 식초 등을 넣어서 초고추장으로 만든다. 맵고 진한 감칠맛으로 비빔밥이나 불고기, 떡볶이는 물론이고 찌개 및 조림의 양념장까지 수많은 한국 요리에 빠지지 않는다. 참기름이나 간장, 된장 등 다른 조미료와 궁합도 좋다.

Doenjang

된장

독특한 풍미가
식욕을 돋우는 한국 된장

▲ 고추와 파, 조개류 등을 넣고 끓인 된장찌개

조리 예

DATA
- 분류   장
- 주원료 콩
- 발상지 한국
- 발상 연대 미상

한 줄 메모
항아리에서 발효될 때 나온 소금물은 간장이 된다.

일본에서 한국미소라고 부르기도 하는 된장은 독특한 냄새가 특징으로, 오래전부터 중요한 단백질 공급원이었다.

전통적인 된장 만들기는 초겨울에 이루어진다. 콩을 거친 페이스트 상태로 으깨어 뭉친 '메주'라는 콩누룩을 매달아서 발효시키고, 메주가 건조되면 소금물과 함께 항아리에 넣고 더 발효시킨다. 끓이면 향이 날아가 버리는 일본의 미소된장과 달리 오래 끓일수록 풍미가 진해진다.

딥 소스처럼 채소를 찍어 먹거나 찌개 같은 국물 요리에 사용한다. 시판 제품 중에는 보리로 만든 보리된장이나 양념이 되어 있는 찌개용 된장 등이 있다.

Ssamjang

쌈장

잎채소와 잘 어울리는
순한 매운맛

▲ 간편하게 먹을 수 있는 쌈밥에 빠질 수 없다.

DATA

- **분류** 장
- **주원료** 콩, 찹쌀, 고추, 마늘, 물엿, 참기름 등
- **발상지** 한국
- **발상 연대** 미상

한 줄 메모
'쌈'은 '싸서 먹는 음식'이라는 뜻이다.

고추장과 된장을 섞고, 마늘과 참깨 등의 양념과 꿀 또는 물엿, 참기름 등을 넣은 매콤달콤한 조미료다. 고추의 매콤함이 도드라진 고추장보다는 덜 맵고, 단맛과 감칠맛이 풍부하다. 마트에 다양한 쌈장이 판매될 정도로 한국에서는 일상적으로 사용된다. 직접 만들어 먹는 집도 많아서, 집마다 오리지널 조합이 있다.

상추와 깻잎을 곁들여 삼겹살을 먹을 때나, 채소 잎에 밥을 싸서 먹는 쌈밥에 빠지면 안 되는 것이 바로 쌈장이다. 이 밖에도 찌개나 전골, 조림 및 솥밥 양념 등으로 폭넓게 이용된다.

column

고추기름 만드는 법

고추기름

기름에 고추를 넣고 가열하여 매운맛을 낸 조미료다. 중국어로 라유(辣油)라고 하며 '라'는 열을 동반하는 매운맛을 뜻한다. 고추 이외에 팔각, 화자오, 생강 등의 향신료를 넣기도 한다. 마파두부나 탄탄면 같은 쓰촨요리의 향미유로 이용된다.
일본의 시판 제품이나 중화요리 전문점의 고추기름은 기름 성분만 들어 있는데, 중국에서는 가열하면서 태운 고추 등의 향신료도 그대로 들어 있어서 양념과 기름을 한꺼번에 떠서 요리에 넣는 경우가 많다.

재료
- 카놀라유(또는 샐러드유나 참기름) … 100cc
- 고춧가루 … 1큰술

만드는 법
1. 프라이팬에 카놀라유와 고춧가루를 넣고 약한 불에서 3분 동안 휘젓는다.
2. 불을 끄고 남은 열로 매운맛을 추출한다.
3. 다 식으면 삶아서 소독한 용기에 담는다. 상온에서 보관하고, 한 달 이내에 다 사용하는 것을 권장한다.

먹는 고추기름(타베루 라유)

고추기름은 주로 소스나 풍미를 내는 용도로 사용해 왔다. 그러다가 일본에서 2009년에 고형 건더기를 반찬으로 타베루 라유가 시판되자, 적당히 매운맛과 다양한 요리에 사용하기 편리하다는 점 때문에 폭발적인 인기를 얻었다. 그 후 각 식품회사에서 경쟁적으로 먹는 고추기름을 출시하면서 현재는 기본 조미료로 자리를 잡았다.

재료-1병 분량
- 샐러드유 … 70cc
- 참기름 … 70cc
- 마늘 … 20g
- 생강 … 20g
- 대파 … 40g
- 고추(통썰기) … 1큰술
- 볶은 참깨 … 1큰술
- 믹스너트 … 20g
- 설탕 … 1작은술
- 간장 … 1작은술
- 고추장 … 2작은술

만드는 법
1. 믹스너트를 잘게 부순다.
2. 마늘, 생강, 대파를 다진다.
3. 냄비에 다진 마늘, 생강, 대파, 샐러드유를 넣고 센 불에서 볶는다.
4. 끓어오르면 중간 불에서 5분 가열하고, 다갈색이 될 때까지 가열한다.
5. 불을 끄고 설탕, 간장, 고추장을 넣어 섞는다.
6. 고추, 볶은 참깨, 부순 믹스너트를 넣는다.
7. 완전히 식혀서 끓는 물로 소독한 용기에 담는다. 냉장고에 보관하고 5일 이내에 다 먹는다.

소스 *Sauce*

요리에 맛이나 색을 더하는 조미료

- ◆ 우스터소스
- ◆ 우스터소스
  (중농·돈가스)
- ◆ 굴소스
- ◆ 마요네즈
- ◆ 아이올리 소스
- ◆ 토마토케첩
- ◆ 바비큐소스
- ◆ 타바스코페퍼소스
- ◆ 칠리소스
- ◆ 삼발 소스
- ◆ 칵테일소스
- ◆ 타르타르소스
- ◆ 베샤멜소스
- ◆ 토마토소스
- ◆ 살사 소스
- ◆ 그레이비소스
- ◆ 호스래디시 소스
- ◆ 머스터드
- ◆ 망고 쳐트니
- ◆ 트케말리
- ◆ 하리사
- ◆ 아지카

✥ Knowledge of Sauce ✥
소스 상식 이야기

소스란

식재료나 요리에 뿌리거나 곁들여서 맛을 더하는 액상 또는 페이스트 상태의 조미료다. 조리에 이용하는 시판 가공제품과 베샤멜소스처럼 조리하면서 만드는 타입이 있다. 전 세계 각지에서 소스가 만들어지고 있으며, 각 나라와 그 지역의 식문화에 맞는 독자적인 소스들이 존재한다.

프랑스의 소스

중세의 소스

중세 프랑스에서는 운송 수단과 보존 방법이 한정적이어서 신선한 식자재를 구하기 어려웠기 때문에, 소스야말로 음식의 맛을 결정하는 중요한 요소였다. 이 무렵 프랑스 요리에 사용되던 소스는 산미가 있는 액체에 여러 가지 향신료를 섞고 빵으로 점성을 부여하는 단순한 형태였다. 17세기가 되어서야 밀가루를 버터에 볶아 만든 루(roux)를 국물 요리에 넣어서 농도를 맞추는, 현재 프랑스 요리의 소스에 가까워졌다. 이후 프랑스 요리가 복잡하고 화려해짐에 따라 소스의 종류도 늘어갔다.

소스 분류의 역사

19세기에 앙토냉 카렘이라는 요리사가 방대한 종류의 소스를 네 가지로 분류했다.

1. 베샤멜소스(Béchamel Sauce): 밀가루와 우유를 베이스로 한다. 소위 말하는 화이트소스다. 지금과는 만드는 방법이 조금 다르다.
2. 에스파뇰 소스(Espagnoll Sauce): 구운 뼈, 육류, 채소류, 토마토를 끓여서 걸쭉하게 만든 소스다. 이것을 농축하면 데미글라스 소스(Demiglace Sauce)가 된다.
3. 벨루테 소스(Veloute Sauce): 고기나 생선 육수를 베이스로 한 소스다.
4. 알망드 소스(Allemande Sauce): 벨루테 소스에 달걀노른자와 크림을 넣고 레몬즙으로 맛을 낸 소스다.

20세기 초에 요리사 오귀스트 에스코피에는 소스의 분류를 '베샤멜', '에스파뇰', '벨루테', '토마토소스', '올랑데즈'(Hollandaise, 버터와 레몬즙과 달걀노른자를 유화시킨 소스)의 다섯 가지로 새롭게 정리했다. 더 나아가 소스의 조리 공정을 간소화하고, 요리에 따라 맛을 전개해 나가는 기법을 만들어냈다. 에스코피에의 분류는 오늘날까지도 요리사들에게 계승되고 있다.

요리를 돋보이게 하는 소스의 역할

현대 프랑스 요리에서는 재료의 맛을 응축시킨 소스를 소량 곁들이는 스타일이 늘고 있다. 소스는 요리 자체의 맛을 결정하는 역할에서, 소재를 돋보이게 하거나 요리에 일체감을 주는 역할로 바뀌고 있다.

일본의 소스

우스터소스

일본에서 소스라고 하면 대개는 우스터소스를 가리키는 경우가 많다. 메이지 시대에 문명이 개화하면서 가장 먼저 알려지기도 했지만, 많은 일본인의 입맛을 사로잡았기 때문이었을 것으로 생각된다.

일본 우스터소스의 역사

최초의 일본산 우스터소스는 1885년에 판매된 야마사쇼유의 미카도소스, 그리고 같은 해에 한신소스에서 나온 우스터소스다.[1] 판매 당시에는 시장의 반응을 얻지 못하다가 1894년에 하구루마 주식회사에서 미쓰야소스가 출시되면서 주목을 받았고, 그 뒤를 이어 여러 회사에서 우스터소스 제조에 뛰어들게 되었다. 이때는 점도가 낮은 우스터소스만 유통되었다.

현재의 소스

제2차 세계대전 당시는 설탕이 부족했던 것과 달리 전후에는 단맛이 강하고 점도가 높은 돈가스 소스나 중간 점도의 중농 소스가 판매되었다. 현재는 식생활이 다양화됨에 따라 여러 종류의 소스가 사용된다.

소스의 분류

서양의 소스

- **화이트소스**
  알망드 소스, 벨루테 소스, 양송이 소스 등
- **브라운소스**
  그레이비소스, 데미글라스 소스 등
- **베샤멜 계열**
  오로라 소스, 베샤멜소스 등
- **유화 소스**
  비네그레트소스, 아이올리 소스, 마요네즈 등
- **버터 소스**
  뫼니에르 소스, 스테이크 소스 등
- **토마토소스**
  아마트리차나, 아라비아타, 마리나라 소스, 미트소스 등
- **오일 소스 계열**
  앙슈아야드
- **잘게 다진 채소를 넣은 소스**
  타르타르소스, 살사 소스, 라비고트 소스 등
- **스위트 소스**
  커스터드, 초콜릿 소스, 버터스카치 소스, 과일소스 등

아시안 소스

- **해산물 계열**
  굴소스, 어장*, XO소스* 등
- **칠리소스 계열**
  케찹마니스, 삼발 소스, 스위트 칠리소스
- **그 밖의 소스**
  간장*, 카레 소스

기타 각종 소스

우스터소스, 처트니, 몰레, 타바스코소스 등

*어장, XO소스, 간장은 다른 장에서 소개한다.

소스 | 소스 상식 이야기

Worcestershire Sauce

우스터소스

**영국에서 사랑받는
원조 우스터소스**

▲ 우스터소스로 맛을 낸 랭커셔 핫포트(Lancashire hotpot)
양고기와 양파, 감자 등을 첨가하여 뭉근하게 끓여낸 스튜이다

DATA
- 분류   소스
- 주원료   맥아식초, 양파, 마늘, 엔초비, 향신료 등
- 발상지   영국
- 발상 연대   19세기

한 줄 메모
요리 이외에 칵테일에도 쓰인다.

영국의 우스터셔주 우스터에서 유래한 소스다. 19세기에 인도에서 귀국한 영국 귀족이 인도의 소스 제조법을 참고하여 개발한 것이 훗날 설립된 리앤페린스사의 우스터소스다.

리앤페린스 소스의 레시피는 기업 비밀에 부쳐졌으나, 주원료인 맥아식초에 발효시킨 양파, 마늘, 엔초비 및 타마린드 외에도 다양한 향신료가 들어간다. 일본의 우스터소스와 비교하면 단맛이 없고 신맛이 강해서, 보통은 스튜나 수프 등의 비법 양념 또는 맛에 포인트를 주는 용도로 사용한다. 영국내에서는 97%, 전 세계적으로도 40%의 높은 점유율을 자랑하는 인기 소스다.

Worcester Sauce

우스터소스(중농·돈가스)

다양하게 활용 가능한
일본의 맛

조리 예

▲ 후쿠이현과 군마현, 후쿠시마현의 명물 돈가스 덮밥 소스 가쓰돈
(양배추와 돈가스를 올리고 우스터소스를 뿌린 형태)

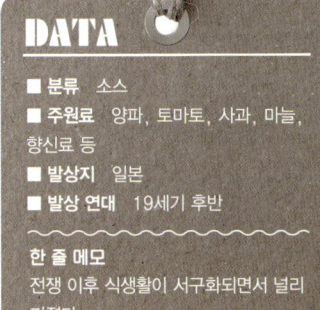

DATA

- 분류   소스
- 주원료   양파, 토마토, 사과, 마늘, 향신료 등
- 발상지   일본
- 발상 연대   19세기 후반

한 줄 메모
전쟁 이후 식생활이 서구화되면서 널리 퍼졌다.

일본에 우스터소스가 등장한 때는 메이지 시대이다.[1] 1948년에 우스터소스보다 점도가 높은 돈가스 소스가 생산되었고, 1964년에는 중농 소스(진한 농도)가 등장했다. 영국의 우스터소스와 달리 맥아식초와 엔초비는 들어가지 않으며 매운맛을 줄여 맛이 순한 특징이 있다.

카레 등의 비법 양념으로는 물론이고, 돈가스나 튀김 등에 뿌리거나 일본식 볶음국수인 야키소바에 넣으면 잘 어울린다. 또한 오코노미야키 소스, 야키소바 소스, 다코야키 소스 등 우스터소스에서 파생된 상품도 많이 나와 있다. 지역마다 선호하는 농도와 풍미 등이 모두 다르다.

Oyster Sauce

굴소스

깊고 진한 굴의 풍미와
감칠맛 성분이 듬뿍 담긴 소스

조리 예

▲ 소고기와 브로콜리 굴소스 볶음

DATA
- 분류　소스
- 주원료　굴, 밀가루, 설탕, 캐러멜 등
- 발상지　중국
- 발상 연대　19세기 후반

한 줄 메모
태국과 베트남 등지에서도 많이 사용하고 있다.

염장한 굴을 발효시켜서 만드는 소스로 '호유(蠔油)'라고도 한다. 독특한 굴 풍미와 감칠맛이 있으며 광둥요리에서 자주 사용된다. 19세기 후반에 광둥성 난쉐이의 요리사가 개발하고, 조미료 제조회사 '이금기'를 설립하면서 널리 퍼졌다. 볶음이나 조림 요리, 수프와 볶음면 등 다양한 중화요리에 사용된다. 일본 야키소바에 우스터소스 대신 굴소스를 넣어 조미하면 광둥식 볶음면이 된다. 광둥성에서는 스낵 과자의 양념에 사용하기도 한다.

한편 대만에는 비건용으로 굴 대신에 표고버섯을 넣어 만든 채식 굴소스가 있다.

Mayonnaise

마요네즈

많은 사람에게 사랑받는
부드럽고 순한 맛

▲ 마요네즈를 듬뿍 넣은 감자샐러드

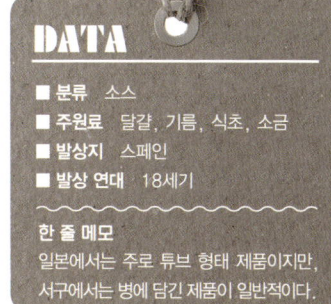

DATA

■ 분류   소스
■ 주원료   달걀, 기름, 식초, 소금
■ 발상지   스페인
■ 발상 연대   18세기

한 줄 메모
일본에서는 주로 튜브 형태 제품이지만, 서구에서는 병에 담긴 제품이 일반적이다.

달걀과 샐러드유, 식초, 소금 등을 섞어서 유화시킨 소스다. 이름의 유래와 관련하여 여러 가지 설이 있는데, 스페인 메노르카섬의 도시인 마온에서 만들어졌기 때문에 붙여진 이름이라는 설이 유력하다.

원래는 올리브유를 사용했으나 보급이 확대되면서 샐러드유 등도 이용하게 되었다. 훗날 큐피(Kewpie) 주식회사[2]를 창업하는 나카시마 도이치로는, 미국 유학 중에 마요네즈를 접한 것을 계기로 1925년부터 큐피 마요네즈를 생산하기 시작했다.[3] 큐피의 마요네즈는 달걀노른자를 넣기 때문에 해외 제품보다 진하고 부드러운 맛이 특징이다. 다양한 요리에 폭넓게 사용할 수 있어서 애호가가 있는 조미료다.

Aioli Sauce

아이올리 소스

가정에서도 손쉽게 만들 수 있는
지중해 요리의 풍미

▲ 새우튀김과 아이올리 소스

DATA

- 분류   소스
- 주원료   마늘, 기름 등
- 발상지   지중해 연안
- 발상 연대   미상

한 줄 메모
파스타나 파에야, 부야베스 등에 곁들여 먹기도 한다.

지중해에서는 대중적인 소스이며 마늘과 기름을 사용해서 만든다. 아이올리는 프로방스어로 마늘을 뜻하는 '아이(alh)'와 기름을 뜻하는 '올리(òli)'에서 유래한 이름이다. 프로방스 지방에서 만드는 아이올리 소스는 달걀노른자와 레몬즙을 넣은 갈릭 마요네즈에 가깝다. 그래서 플레이버 마요네즈를 아이올리라고 부르기도 한다. 데친 채소나 달걀, 대구 등에 아이올리 소스를 뿌려 먹는 르 그랑 아이올리(Le Grand Aioli)는 프로방스 지방의 명물 요리다.

반면 카탈루냐에서는 달걀노른자를 넣지 않아서 마늘의 풍미가 강하며, 온갖 요리에 아이올리 소스를 곁들인다.

Tomato Ketchup

토마토케첩

아이부터 어른까지
전 세계에서 사랑받는 맛

▲ 일본인에게 친숙한 나폴리탄 스파게티

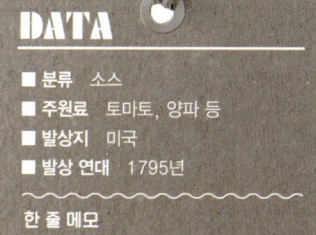

DATA
- 분류   소스
- 주원료   토마토, 양파 등
- 발상지   미국
- 발상 연대   1795년

한 줄 메모
초기의 토마토케첩은 소금에 절인 토마토즙과 향신료를 조린 것이었다.

케첩이란 원래 채소나 버섯, 또는 생선 등을 원료로 만든 조미료를 일컫는 말이었으나, 현재는 일반적으로 토마토케첩을 가리킨다. 으깬 토마토에 양파, 설탕, 소금, 식초, 정향 및 시나몬 등의 향신료를 넣고 바짝 졸여 만든다. 한편 케첩이라는 어원은 중국어로 '어장'을 뜻하는 단어의 발음에서 유래하였다.

토마토케첩은 1795년 미국에서 개발되었으며, 1870년대에 헨리 존 하인즈가 하인즈사를 창업하면서 널리 보급되었다. 일본에는 메이지 시대에 유입되었고, 얼마 지나지 않아 수입 판매 및 제조까지 하기에 이르렀다.[4]

바비큐소스

BBQ Sauce

복합적인 맛이 중독성 있는
다양하게 변형 가능한 소스

▲ 바비큐소스를 뿌린 햄버거

DATA

- ■ 분류   소스
- ■ 주원료   토마토케첩, 우스터소스, 식초, 마늘 등
- ■ 발상지   미국
- ■ 발상 연대   17세기

한 줄 메모
미국인들에게는 고향 같은 맛.

바비큐로 조리한 육류의 양념으로 사용하는 소스로, 진한 풍미와 깊은 맛이 있다. 토마토케첩이나 우스터소스 등에 식초와 마늘, 생강 등을 넣어서 만들지만, 지역이나 제조사마다 원재료와 제조법이 달라서 커민, 고추, 머스터드 등을 넣는 곳도 있다. 17세기에 이미 미국 남부의 식민지에서 소스의 원형이 완성되었다고 하며, 20세기에는 조지아주의 소스 제조회사에서 시판용 바비큐소스가 생산되었다.

한편 '재패니즈 비비큐 소스(Japanese BBQ Sause)'라는 이름의 일본 고기구이 소스는 간장 베이스로 만들어 풍미가 완전히 다르다.

Pepper Sauce

타바스코 페퍼소스

매콤 새콤한 맛이 요리의 맛을 돋워준다

조리 예

▲ 매콤한 타바스코 소스가 생굴의 풍미를 끌어올린다

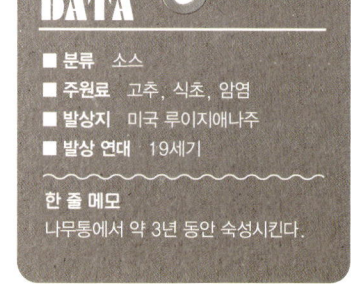

DATA
- 분류   소스
- 주원료   고추, 식초, 암염
- 발상지   미국 루이지애나주
- 발상 연대   19세기

한 줄 메모
나무통에서 약 3년 동안 숙성시킨다.

멕시코 남부 타바스코주가 원산지인 고추와 식초, 암염으로 만든 소스로, 얼얼하고 자극적인 매운맛과 신맛이 특징이다. 1865년에 미국의 미식가이자 매킬레니사의 창업자인 에드먼드 매킬레니가 개발했다. 매킬레니 사는 창업 이래 루이지애나주의 에이버리 아일랜드를 떠나지 않고, 150년 동안 동일한 제조법으로 생산을 이어가고 있다.

피자나 파스타 등에 뿌려서 요리의 맛을 돋우는 한편, 스테이크 소스나 마요네즈 같은 조미료에 섞어서 사용하기도 한다. 하바네로나 할라페뇨를 원료로 만든 변형 제품도 다양하다.

Chili Sauce

칠리소스

**맵기도 맛도 다양해서
활용하기 좋은 소스**

조리 예

▲ 춘권튀김이나 고이꾸온에 곁들인다. 단맛과 매운맛 모두 잘 어울린다

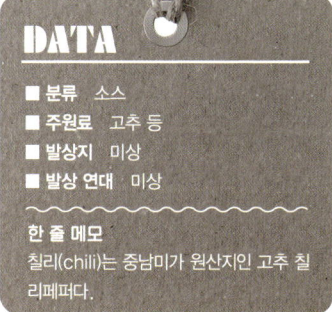

DATA
- 분류   소스
- 주원료 고추 등
- 발상지 미상
- 발상 연대 미상

한 줄 메모
칠리(chili)는 중남미가 원산지인 고추 칠리페퍼다.

주재료인 고추에 소금이나 향신료 등을 넣어서 만드는 소스로 '핫소스'라고도 한다. 칠리새우로 익히 알려진 칠리소스는 핫소스의 일종이지만 토마토소스 베이스에 두반장 등을 넣고 만들어 매콤하면서도 단맛이 난다.

시판 칠리소스는 아주 매운맛부터 단맛까지 맛의 폭이 넓고 풍미도 다양한데, 매콤한 칠리소스는 타코나 부리토 같은 멕시코 요리는 물론이고 햄버거, 피자 등 온갖 요리에 잘 어울린다.

설탕이나 남쁠라를 넣어서 만드는 달콤한 맛의 스위트 칠리소스는 튀김 소스 또는 샐러드드레싱 등으로 적당하다.

삼발 소스

Sambal Sauce

매운맛부터 달콤한 맛까지
다채로운 맛의 변주

조리 예

▲ 삼발 소스를 넣은 말레이풍 칠리새우 '삼발 우당'

DATA

- **분류** 소스
- **주원료** 고추, 양파, 마늘, 새우, 토마토 등
- **발상지** 인도네시아
- **발상 연대** 미상

한 줄 메모
현지의 가정에서는 상비하고 있는 조미료.

인도네시아 요리 및 말레이 요리에 이용되는 매운맛 조미료로, 나시고렝이나 미고렝, 볶음 및 수프 등에 많이 사용한다. 제조사나 가정마다 원재료와 제조법이 달라서 인도네시아에는 대략 212~300종류나 되는 레시피가 있다고 한다.

일반적인 삼발은 고추, 양파, 마늘을 주원료로 하며, 여기에 새우 페이스트나 토마토 등을 넣고 샐러드유로 볶은 뒤, 마지막에 라임 등으로 향을 더해 만든다. 수마트라섬 등 말레이 문화의 영향이 강한 지역에는 고추를 듬뿍 넣은 매운 양념이 많고, 삼발의 원산지이기도 한 자바섬에서는 단맛을 선호한다.

Cocktail Sauce

칵테일소스

새우와 궁합이 잘 맞는 차가운 소스

조리 예

▲ 작은 유리잔에 담으면 파티용으로도 손색없다

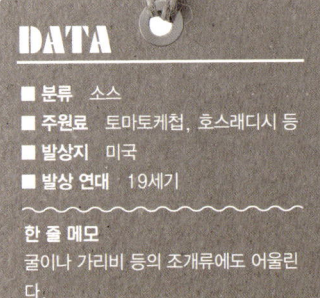

DATA
- 분류   소스
- 주원료   토마토케첩, 호스래디시 등
- 발상지   미국
- 발상 연대   19세기

한 줄 메모
굴이나 가리비 등의 조개류에도 어울린다.

토마토케첩이나 호스래디시 베이스에 레몬즙이나 화이트와인, 타바스코 페퍼소스 등을 혼합한 차가운 소스다. 칵테일 잔 테두리에 새우를 걸쳐서 내놓는 요리 '쉬림프 칵테일'에 이 소스가 사용되어 붙여진 이름이다.

원래는 19세기 미국에서 어패류를 먹을 때 만든 것이 시작이었지만, 1967년에 영국의 요리 연구가 패니 크래독이 TV 프로그램에서 레시피를 소개하면서 단숨에 영국으로 퍼져나갔다. 유럽에서는 마요네즈를 넣기 때문에 사우전드 아일랜드 드레싱과 풍미가 비슷하다.

Tartar Sauce

타르타르소스

몽골 요리에서 기원한
농후하고 부드러운 소스

▲ 이탈리아식 오징어튀김 프리토와 타르타르소스. 튀김에 잘 어울린다

DATA
- 분류   소스
- 주원료 마요네즈, 달걀, 양파, 파슬리 등
- 발상지 프랑스
- 발상 연대 19세기

한 줄 메모
딥 소스로써 채소와도 잘 어울린다.

 닭고기튀김을 초간장에 담가 먹는 치킨난반이나 새우튀김 등에 곁들이는 인기 소스다. 마요네즈에 양파와 파슬리피클 등을 섞어 만들며 일본에서는 대부분 삶은 달걀을 넣는다.
 타르타르소스라는 이름은 몽골 제국의 유목민 타타르인에게서 유래하였는데, 타타르인은 다진 향미 채소를 곁들인 말고기 요리를 먹는 관습이 있었다. 이 요리는 유럽으로 전해지면서 타르타르스테이크라는 이름으로 불렸고, 날고기를 잘게 다진 것을 타르타르라고 부르게 되었다. 타르타르소스가 현재와 같은 형태로 자리를 잡은 것은 19세기 프랑스이며, 일본에서는 1966년에 처음 시판되었다.

Béchamel Sauce

베샤멜소스

양식에 많이 사용되는
기본 화이트소스

▲ 마카로니와 치킨, 브로콜리 그라탱

DATA

- 분류　소스
- 주원료　버터, 밀가루, 우유
- 발상지　프랑스
- 발상 연대　17세기

한 줄 메모
만드는 요리에 따라 우유와 밀가루의 양을 조절해서 농도를 맞춘다.

버터와 밀가루, 우유로 만드는 화이트소스로 그라탱이나 화이트 스튜 등 프랑스 요리를 비롯한 양식에 흔히 사용된다. 베샤멜소스에 재료를 추가하여 다른 소스를 만들기도 한다는 점에서 프랑스 요리의 기본 소스라고 할 수 있다.

루이 14세의 요리사 베샤멜이 개발했다는 설과 이탈리아의 요리사가 고안하여 프랑스로 전해진 것이라는 등 유래와 관련하여 여러 가지 설이 있다. 1651년에 출판된 프랑스 요리책에 소개된 이후로 일반에 널리 알려졌다. 크림소스는 베샤멜소스에 생크림을 넣고 소금 후추로 간을 맞춘 소스를 가리킨다.

Tomato Sauce

토마토소스

진한 토마토 맛
이탈리아 요리의 기본 소스

조리 예

▲ 토마토소스로 졸인 미트볼

DATA

- 분류   소스
- 주원료   토마토
- 발상지   멕시코 및 중앙아메리카 북서부
- 발상 연대   미상

한 줄 메모
양파를 뭉근히 볶아서 깊은 맛을 낸다.

토마토 맛의 걸쭉한 소스로 중미 지역에서 고대부터 쓰이던 조미료로 추정된다. 16세기에 아메리카 대륙에서 유럽으로 전해진 토마토는 이탈리아를 중심으로 많이 사용되었다. 생토마토의 풍미가 사라질 때까지 끓이기만 하는 단순한 형태도 있지만, 일본에서는 토마토와 다진 마늘, 양파를 같이 넣고 끓인 다음 바질이나 소금, 후추로 간 한 것이 일반적이다.

아라비아타(Arrabbiata. 매운 고추를 다져 넣은 토마토 소스)와 페스카토레(Pescatore. 해산물을 넣어 조리한 것), 아마트리차나 등은 토마토소스 베이스에 다른 재료를 추가한 파스타 소스다. 토마토를 농축하여 만드는 토마토퓌레 대용으로도 많이 쓰인다.

Salsa

살사 소스

멕시코 요리에 없어서는 안 되는
스페인어권 나라의 소스

조리 예

▲ 타코나 타코라이스(Taco-Rice, 오키나와에서 개발된 음식으로 타코 재료를 밥 위에 얹어 먹는 음식)에 필수

DATA

- 분류　소스
- 주원료　토마토, 양파, 고추 등
- 발상지　멕시코
- 발상 연대　미상

한 줄 메모
파스타나 오믈렛 등 양식에도 어울린다.

멕시코와 미국 요리에 많이 쓰이는 소스다. 타코나 부리토를 먹을 때 외에도 요리에 밑간을 하거나 양념구이 재료를 재우거나, 또는 잼처럼 발라 먹는 등 다양한 용도로 사용한다. 살사는 스페인어로 '소스'를 뜻하는데, 단순히 살사라고 할 때는 토마토에 양파, 마늘, 고추, 고수 등을 섞은 신맛과 매운맛이 강한 소스 '살사·로하(salsa roja)'를 가리킨다.

　가열하지 않은 생 살사는 '살사·크루다(salsa cruda)'라고 하며, 멕시코 국기와 색 조합이 같아서 '살사·메히카나(Salsa Mexicana)'라고도 부른다. 일본에서는 아보카도로 만든 살사 '과카몰레(guacamole)'도 인기다.

Gravy Sauce

그레이비소스

육즙으로 만드는 미국 가정의 맛

▲ 그레이비소스를 뿌린 매시트포테이토와 소시지

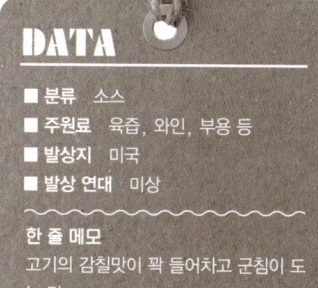

DATA

- 분류　소스
- 주원료　육즙, 와인, 부용 등
- 발상지　미국
- 발상 연대　미상

한 줄 메모
고기의 감칠맛이 꽉 들어차고 군침이 도는 맛.

그레이비는 육즙이라는 뜻인 동시에 오븐에서 고기를 구웠을 때 나오는 육즙을 활용해서 만드는 소스를 가리킨다. 대개는 육즙에 와인이나 부용을 넣고 졸이며 소금, 후추 등으로 간을 맞춘다. 매끄러운 질감을 내기 위해서 밀가루나 우유, 생크림을 첨가하기도 한다.

미국에서는 매시트포테이토에 그레이비소스를 뿌려 먹는 요리가 인기 메뉴다. 로스트비프, 로코모코 등에도 자주 쓰인다. 최근에는 물에 녹이기만 하면 되는 과립 타입도 판매되고 있다. 채소 삶은 물로 만든 베지테리언 및 비건용 그레이비소스도 있다.

Horseradish Sauce

호스래디시 소스

손님 접대용 상차림에 제격
한 차원 높은 소스

▲ 호스래디시 소스를 곁들인 비프스테이크

DATA

- 분류   소스
- 주원료   호스래디시, 식초 등
- 발상지   독일
- 발상 연대   13세기경

한 줄 메모
일본산 혼와사비보다 약하게 산미가 느껴진다.

'서양고추냉이', '겨자무'라고도 불리는 호스래디시는 흰 뿌리에서 강렬한 매운맛이 나는 십자화과 식물이다. 순한 감칠맛과 찡하고 코로 빠져나가는 매운맛이 특징으로, 간 뿌리에 식초 또는 레몬즙을 넣어 만든다.

영국이나 폴란드에서는 대중적인 소스로서 로스트비프의 가니쉬로 친숙하며, 치킨소테나 비엔나소시지, 샌드위치 등 다른 요리에도 많이 쓰인다. 미국에서는 마요네즈나 드레싱 등과 섞어서 쓰는 경우가 많고, 영국에서는 머스터드와 혼합한 '튜크스베리 머스터드 (Tewkesbury mustard)도 인기가 있다.

Mustard

머스터드

종류가 다양하며 고기 요리와
찰떡궁합인 노란색 소스

▲ 머스터드를 뿌린 치킨소테

DATA

- ■ 분류   소스
- ■ 주원료   겨자, 식초 등
- ■ 발상지   고대 이집트
- ■ 발상 연대   기원전 1800년경

한 줄 메모
프랑스의 일반 가정에서 한 달에 소비하는 머스터드는 약 1kg이라고 한다.

말린 겨자씨를 가루로 빻고 식초와 섞어 만든 조미료로, '양겨자'라고도 한다. 연겨자보다 맵지 않으며, 고기 요리나 샌드위치 등에 널리 사용된다. 종류도 다양해서, 미국이나 캐나다에서는 강황을 넣어 선명한 노란색을 입힌 옐로우 머스터드를 주로 사용하며 핫도그나 치킨너겟 등에 빠지지 않는다.

유럽에서는 프랑스의 중부 도시 디종에서 유래한 디종 머스터드가 인기로, 고급스러운 매운맛과 상큼한 산미가 특징이다. 그 밖에 꿀을 섞은 허니 머스터드, 겨자씨가 들어간 홀그레인 머스터드 등이 있다.

Mango Chutney

망고 처트니

인도에서 기원한 오래된 조미료
카레의 비법 양념으로 안성맞춤

조리 예

▲ 카레에 넣거나 난에 바르는 등 다양하게 쓸 수 있다

DATA

- 분류　소스
- 주원료　망고, 향신료, 설탕 등
- 발상지　인도
- 발상 연대　기원전 500년경

한 줄 메모
토마토 요리나 향신료가 들어간 요리와 잘 어울린다.

처트니란 채소나 과일에 향신료, 설탕, 식초 등을 넣어 끓인 잼 상태의 소스로 '핥는다'라는 뜻의 힌디어에서 유래한 이름이다. 단순한 형태의 처트니는 기원전 500년경부터 만들어 왔으며, 인도 요리에 없어서는 안 되는 조미료다. 종류가 매우 다양하지만 일본의 마트에서는 주로 망고 처트니를 판매한다.

망고 처트니는 설익은 망고에 카르다몸, 설탕, 레몬 등을 넣고 졸인 것으로, 카레에 넣으면 상큼한 감칠맛과 풍미가 더욱 진해진다. 카레의 비법 양념 외에도, 볶음에 넣거나 빵에 바르는 등 궁리하기에 따라 폭넓게 응용할 수 있다.

Tkemali

트케말리

조지아에서 사랑받는
새콤달콤한 소스

소스

트케말리

조리 예

▲ 트케말리로 맛을 낸 비프 하르초(Kharcho) 이 수프는 소고기, 또는 송아지 고기 육수에 마늘, 수넬리, 후춧가루, 고추, 계피, 아지카로 맛을 내고, 양갈비와 밥을 끓여 내는 걸쭉하다

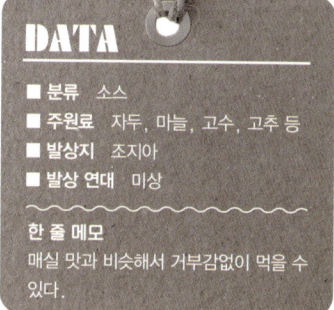

DATA

- 분류   소스
- 주원료   자두, 마늘, 고수, 고추 등
- 발상지   조지아
- 발상 연대   미상

한 줄 메모
매실 맛과 비슷해서 거부감없이 먹을 수 있다.

조지아에서 만드는 자두 소스다. 트케말리의 종류에는 완숙 자두로 만드는 붉은색 소스와 덜 익은 미숙 자두로 만드는 초록색 소스가 있다. 조지아와 러시아에서 대량 생산되며, 가정에서도 만들 수 있다.

물러질 때까지 끓인 자두를 거르고 마늘, 고수, 고추, 민트 등을 넣고 끓여서 식히면 완성이다. 자두가 없으면 매실로 대용할 수 있다. 매운맛과 신맛이 나며, 조지아인에게는 케첩 같은 존재로 고기 요리는 물론이고 튀김이나 감자 등에도 곁들여 먹는다.

Harissa

하리사

스파이시하고
이국적이며 그윽한 맛

▲ 하리사를 넣은 아랍 요리 '후무스'

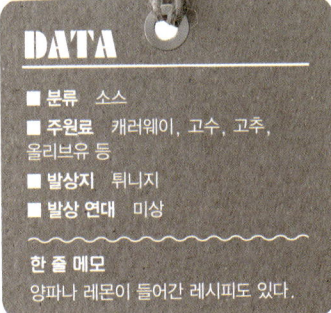

DATA

- 분류　소스
- 주원료　캐러웨이, 고수, 고추, 올리브유 등
- 발상지　튀니지
- 발상 연대　미상

한 줄 메모
양파나 레몬이 들어간 레시피도 있다.

아프리카 북서부에 자리한 아랍국가 중에서도 특히 튀니지에서 만드는, 알싸한 고추의 매운맛과 이국적인 풍미가 특징적인 소스다. 캐러웨이, 고수, 커민(cumin) 등의 향신료와 고추를 갈고 여기에 간 마늘과 파프리카 파우더, 올리브유를 넣은 다음 잘 섞어서 만든다. 품질 좋은 하리사에는 특유의 깊은 풍미가 느껴진다.

주로 쿠스쿠스에 곁들여 먹으며 구운 고기와 생선, 타진이나 케밥 등에 사용한다. 유럽에서도 인기가 많은데, 특히 프랑스에서 오래 전부터 즐겨 먹었다. 프랑스에서는 '아리사'로 부른다.

Ajika

아지카

캅카스 지방의
전통적인 매운맛 조미료

조리 예

▲ 스테이크의 가니쉬로 아지카를 곁들인 래디시를 올렸다

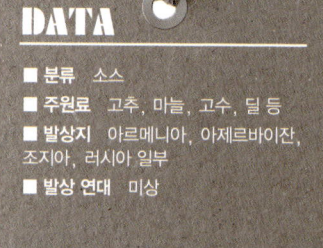

DATA
- 분류　소스
- 주원료　고추, 마늘, 고수, 딜 등
- 발상지　아르메니아, 아제르바이잔, 조지아, 러시아 일부
- 발상 연대　미상

아르메니아, 아제르바이잔, 조지아와 러시아 일부로 이루어진 캅카스 지방에서 만드는, 고추의 알싸한 매운맛과 감칠맛이 특징인 딥소스다. 이름은 소금을 뜻하는 압하스어에서 유래하였다. 과거에 상당히 귀했던 소금 대용으로 향신료를 섞어 조미료를 만든 것이 아지카의 기원이다. 현지 마트에서 손쉽게 구매할 수 있고 가정에서도 많이 만든다. 원재료는 고추와 마늘, 고수 혹은 딜 등의 향신료이고 토마토 또는 호두를 넣는 등 다양한 레시피가 있다.

　빵에도 발라 먹고 고기 요리, 생선구이, 삶은 채소와도 잘 어울린다.

맛국물 Stock

일본 요리 맛의 기초

- ◆ 가쓰오부시 다시
- ◆ 니보시 다시
- ◆ 다시마 국물
- ◆ 표고버섯 국물
- ◆ 부용
- ◆ 소 뼈 육수
- ◆ 돼지 뼈 육수
- ◆ 닭 뼈 육수
- ◆ 새우 다시
- ◆ 가리비 다시

✠ Knowledge of Stock ✠
맛국물 상식 이야기

맛국물이란

동식물성 식품의 감칠맛 성분을 물에 우려낸 것이다. 소금이나 된장 등 다른 조미료와 섞어서 요리의 맛을 끌어올린다. 일본 요리에서 맛국물은 맛의 바탕을 이룬다. 주로 다시마나 가쓰오부시, 마른 멸치나 말린 표고버섯 등으로 만든다.

일본 이외에도 전 세계에는 다양한 맛국물이 존재한다. 서양요리에서는 육류나 어패류, 향미 채소나 허브 등을 사용하며, 수프용 국물은 부용(bouillon), 소스용 국물은 퐁(fond)이라고 한다. 중화요리에서는 소, 돼지, 닭 및 건어물 등으로 육수를 내고 탕이라고 부른다.

일본 맛국물의 역사

기원은 조몬 시대

일본에서는 조몬 시대(선사 시대)에 맛국물의 개념이 생겨났다. 당시에는 수렵과 채집 중심의 생활을 했는데, 식재료 중에는 날것으로 먹으면 소화가 되지 않는 것도 있었다. 그래서 사람들은 먹을거리를 토기에 삶아 먹기 시작했고, 식재료를 삶았을 때 우러난 국물에 재료의 감칠맛 성분이 배어 있다는 사실을 발견했다. 이 발견이 지금 사용하는 맛국물의 뿌리가 되었다.

가쓰오부시 다시의 등장

맛국물의 대표적 소재인 가다랑어가 일본의 역사 자료에 처음 등장한 시기는 나라 시대다. 757년에 시행된 요로율령의 주석서 『영집해(令集解)』에는 가다랑어로 짐작되는 생선 '가타우오'와 가다랑어 삶은 국물을 농축한 액체인 '가타우오 이로리'를 조정에 세금으로서 헌납했다는 기록이 남아 있다. 헤이안 중기에는 말린 가다랑어를 깎아서 먹은 사실을 엿볼 수 있는 기록도 존재한다.

현재의 다시 국물에 상응하는 것이 최초로 등장한 문헌은 약 16세기인 무로마치 시대 후기의 자료로 추정되는 『대초전상전지문서(大草殿より相伝之聞書)』[1]라고 알려졌다.

Dried Bonito Stock

가쓰오부시 다시

**응축된 가다랑어의 감칠맛이
모든 일본 요리에 안성맞춤**

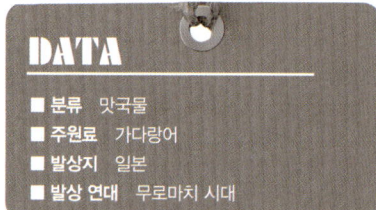

DATA
- 분류　맛국물
- 주원료　가다랑어
- 발상지　일본
- 발상 연대　무로마치 시대

뼈를 제거하고 살만 큰 덩어리로 발라낸 가다랑어를 삶고, 훈연하고, 건조하여 만든 가쓰오부시에서 추출한 다시 국물이다. 조림이나 각종 국물 요리에 폭넓게 사용한다. 아라부시와 가레부시로 나뉘는데, 아라부시는 곰팡이를 붙이지 않은 가쓰오부시로서 표면이 검게 그을린 듯한 색을 띠고 있다. 가레부시는 아라부시에 곰팡이를 붙인 것으로 표면은 갈색을 띤다. 건조되면서 응축하고, 곰팡이 부착으로 인해 발효되어서 감칠맛이 강하다.

Dried Small Sardines Stock

니보시 다시

**진한 향과 짙은 풍미가
미소된장국과 찰떡궁합**

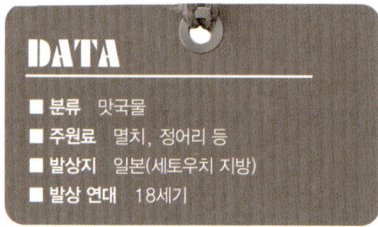

DATA
- 분류　맛국물
- 주원료　멸치, 정어리 등
- 발상지　일본(세토우치 지방)
- 발상 연대　18세기

니보시란 작은 물고기를 쪄서 말린 가공품으로 맛국물의 소재가 된다. 멸치로 만든 니보시의 생산량과 유통량이 가장 많아서 니보시라고 하면 대개는 마른 멸치를 가리킨다. 그 밖에 정어리, 청어과인 눈퉁멸과 샛줄멸, 전갱이를 원료로 만드는 것도 있다. 다시 국물을 낼 때는 머리와 내장을 제거해야 잡맛이 나지 않고 깔끔하다.

Kelp Stock

다시마 국물

**재료 본연의 맛을 돋보이게 하는
고급스럽고 순한 맛**

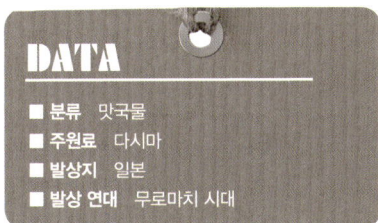

DATA
- 분류 맛국물
- 주원료 다시마
- 발상지 일본
- 발상 연대 무로마치 시대

다시마에서 추출한 국물로 글루탐산이나 아스파라긴산, 만니톨 등의 감칠맛 성분을 함유하고 있다. 일본 다시마의 대부분이 홋카이도에서 생산되며 마콘부, 리시리콘부, 라우스콘부, 히다카콘부[2] 등의 다시마가 국물을 내는 데 제격이다. 국물을 낼 때 너무 꼼꼼하게 씻으면 감칠맛 성분이 씻겨나가므로 물기를 꼭 짠 천으로 표면을 가볍게 닦아 사용한다.

Dried Shiitake Mushrooms Stock

표고버섯 국물

**건조하여 응축시킨
독특한 풍미**

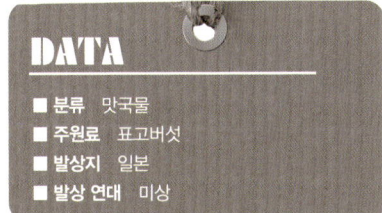

DATA
- 분류 맛국물
- 주원료 표고버섯
- 발상지 일본
- 발상 연대 미상

말린 표고버섯으로 만든 맛국물에는 주로 구아닐산이라는 감칠맛 성분이 들어 있다. 말린 표고버섯은 수확했을 때의 상태에 따라서 갓이 많이 펴지지 않고 두툼한 동고, 얇은 갓이 크게 펼쳐진 향신, 동고와 향신의 중간인 향고로 크게 나뉜다. 말린 표고버섯만 넣으면 풍미가 너무 강하기 때문에 대개는 가쓰오부시나 다시마를 함께 넣고 맛국물을 만든다.

Bouillon

부용

시간과 정성으로 우려내는 수프의 기본 육수

DATA
- 분류   맛국물
- 주원료 소고기, 닭고기, 채소, 허브 등
- 발상지 프랑스
- 발상 연대 미상

프랑스 요리에서 주로 수프를 만들 때 사용하는 국물로, 조미료를 넣기 전의 상태를 가리킨다. 일본에서는 고형이나 과립 타입 조미료라는 인상이 강하지만 부용은 원래 육류나 채소, 허브 등의 재료를 약 하루 동안 끓여서 만든다. 중간중간 위에 뜬 불순물 거품을 계속 걷어내야 해서 비용, 시간 등 정성을 들여야 하는 맛국물로 알려져 있다.

Beef Bones Stock

소 뼈 육수

끓일수록 우러나오는 진한 국물

DATA
- 분류   맛국물
- 주원료 소 뼈
- 발상지 미상
- 발상 연대 미상

소 뼈에서 뽑아내어 진한 맛과 고급스러운 향이 특징이다. 장시간 끓일수록 골수가 우러나와 풍미가 깊어진다. 프랑스에서는 뼈가 붙은 송아지 고기나 소 힘줄에 향미 채소를 넣고 함께 끓인 국물을 퐁 드 보(fond de veau)라고 부른다. 한국에서는 소 뼈에서 우려낸 육수를 냉면 육수 등에 사용한다.

Pork Bones Stock

돼지 뼈 육수

풍부한 콜라겐과 진한 풍미

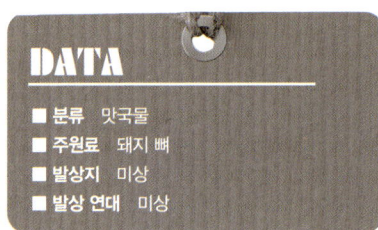

- 분류 맛국물
- 주원료 돼지 뼈
- 발상지 미상
- 발상 연대 미상

돼지 뼈에는 콜라겐이 풍부해서 젤라틴이 다량으로 나오기 때문에 진득한 육수를 뽑을 수 있다. 주로 중화요리나 라멘 국물에 사용된다. 같은 돼지라도 뼈 부위에 따라서 골수가 나오는 모양새가 달라진다. 무릎관절의 연골은 질 좋고 묵직한 육수가 나오고, 등뼈는 단시간에 감칠맛을 낼 수 있으며 족발에서는 걸쭉한 점성이 우러나온다.

Chicken Stock

닭 뼈 육수

담백하고 순한 맛

- 분류 맛국물
- 주원료 닭 뼈
- 발상지 미상
- 발상 연대 미상

중화요리나 서양요리에서 폭넓게 사용하며, 프랑스 요리에서는 닭 뼈 육수를 퐁 드 볼라유(fond de volaille)라고 한다. 닭 뼈는 맑은 육수를 뽑는 데에 제격이다. 닭발에서는 담백한 맛의 육수가 빠르게 우러난다. 닭 뼈뿐만 아니라 살점이 붙어있는 통닭을 사용하면 단맛이 나는 진한 육수를 만들 수 있다.

Shrimp Stock

새우 다시

해산물이 자아내는 고급스러운 단맛

DATA
- 분류 맛국물
- 주원료 새우
- 발상지 미상
- 발상 연대 미상

감칠맛 성분인 아미노산인 글리신을 풍부하게 함유한 새우는 특히 해산물 요리에 풍미나 감칠맛을 보태는 목적으로 사용된다.

새우껍질로 다시 국물을 낼 때 껍질을 먼저 볶은 뒤에 사용하면 비린내가 사라지고 국물이 잘 우러나게 된다. 건새우를 사용할 때는 끓여서 농후한 감칠맛을 뽑아내는 방법과 찬물에 우려서 단맛이 진한 다시 국물을 만드는 방식이 있다.

Dried Scallop Stock

가리비 다시

차원이 다른 호화로운 맛국물

DATA
- 분류 맛국물
- 주원료 가리비
- 발상지 미상
- 발상 연대 미상

말린 가리비 관자는 건조 과정을 거쳤기 때문에 감칠맛이 응축된 다시 국물을 뽑을 수 있다. 다시마 국물이나 가쓰오부시 다시 등과 섞으면 감칠맛이 더욱 진해진다. 다른 건어물보다 국물이 잘 우러나지 않으므로 다시를 제대로 뽑으려면 반나절 정도 물에 담가두는 것이 좋다. 건지고 난 물은 각종 국물이나 수프, 중화요리 육수 등에 사용하는 것을 추천한다.

샐러드드레싱 Salad Dressing

개성 있는 샐러드로 만드는 조미료

- ◆ 사우전드 아일랜드 드레싱
- ◆ 이탈리안드레싱
- ◆ 프렌치드레싱
- ◆ 시저드레싱
- ◆ 코울슬로드레싱
- ◆ 일본식 드레싱
- ◆ 참깨드레싱
- ◆ 랜치드레싱
- ◆ 러시안드레싱

✥ Knowledge of Salad Dressing ✥
샐러드드레싱 상식 이야기

샐러드드레싱이란

샐러드용 조미료로, 드레싱이라고 줄여 쓴다. 어원은 '옷을 입다·꾸미다'라는 뜻의 드레스(dress)에서 유래하였으며, 샐러드를 장식하고 조미한다는 의미로 샐러드드레싱이라고 부르게 되었다.

올리브유나 샐러드유 같은 식물성 기름과 식초 또는 감귤류 과즙이 주원료이고, 여기에 소금이나 향신료 등을 추가하여 만든다. 일본에서는 간장 따위를 넣기도 한다. 마요네즈를 베이스로 한 걸쭉한 '유화형 드레싱'과 분리되어 있는 수분과 유분을 섞어서 사용하는 '분리액상 드레싱'이 있다. 액상 조미료이므로 소스의 일종이라고도 할 수 있다.

샐러드드레싱의 역사

서양의 드레싱

기름과 식초와 소금을 혼합한 프렌치드레싱 비슷한 것은 고대 로마 시대부터 존재했다. 시간이 흐르면서 이 조미료는 프랑스 요리에서 가장 기본적인 샐러드드레싱으로 자리를 잡았다.

19세기에 접어들자 미국에서 다종다양한 샐러드드레싱이 개발되기 시작했다. 원래 농업국가로 출발한 미국의 요리는 기본적으로 식재료의 신선함이 중요했고, 생채소와 드레싱으로 이루어진 샐러드는 일찌감치 식탁에 필수적인 존재가 되었다. 미국이 드레싱 대국으로 성장한 데에는 이러한 배경이 있을 것으로 미루어 짐작한다.

일본의 드레싱

일본에서 최초로 드레싱을 제조하고 판매한 곳은 큐피사로, 1958년 파프리카에서 유래한 레드 프렌치드레싱을 출시했다. 1984년에는 건강에 대해 높아진 관심을 반영하여 유지를 전혀 넣지 않은 '논오일 드레싱'이 등장하는 등 저칼로리 상품이 늘기 시작했다.

Thousand Island Dressing

사우전드 아일랜드 드레싱

**은은한 산미와
부드러운 풍미**

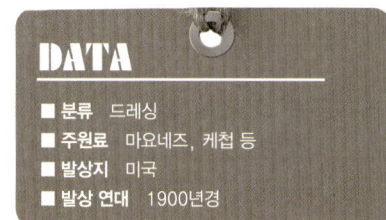

- 분류　드레싱
- 주원료　마요네즈, 케첩 등
- 발상지　미국
- 발상 연대　1900년경

마요네즈, 케첩, 올리브유를 베이스로 만드는 드레싱이다. 다진 피클이나 양파, 삶은 달걀이나 피망, 토마토, 마늘 등을 넣기도 한다. 드레싱에 다져 넣은 건더기 재료가 마치 미국과 캐나다 사이를 흐르는 세인트로렌스강에 있는 '천 개의 섬(사우전드 아일랜드)'처럼 보인다고 해서 붙여진 이름이라는 이야기가 있다.

Italian Dressing

이탈리안드레싱

**식초와 허브가
향긋하게 어우러진 상큼한 맛**

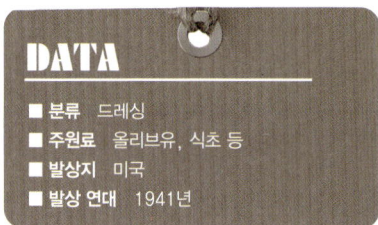

- 분류　드레싱
- 주원료　올리브유, 식초 등
- 발상지　미국
- 발상 연대　1941년

올리브유와 식초에 다진 양파나 피망, 오레가노, 펜넬, 딜 등의 허브를 섞은 것이다. 이탈리안드레싱이지만 이탈리아에는 없다. 일반적으로 이탈리아에서는 샐러드에 올리브유, 식초, 소금을 뿌려서 먹는다. 미국에 이민 간 이탈리아인이 레스토랑의 손님에게 제공한 데서 비롯된 것으로 알려져 있다.

French Dressing

프렌치드레싱

개성이 각각 뚜렷한
세 가지 스타일의 드레싱

조리 예

▲ 레드 프렌치드레싱

▲ 화이트 프렌치드레싱

DATA

- **분류** 드레싱
- **주원료** 세퍼레이트: 샐러드유, 식초 등 / 레드: 샐러드유, 식초, 마요네즈, 케첩 등 / 화이트: 샐러드유, 식초, 마요네즈 등
- **발상지** 세퍼레이트: 프랑스 / 레드·화이트: 미국
- **발상 연대** 세퍼레이트: 고대 로마시대 / 레드·화이트: 미상

프렌치드레싱에는 분리액상형인 세퍼레이트와 두 종류의 유화형 드레싱이 있다.

프렌치드레싱 세퍼레이트는 샐러드유와 식초 또는 레몬즙 베이스에 소금과 후추로 간을 맞춘 투명한 드레싱이다. 비네그레트소스라고도 하며 프랑스 요리에서 사용한다.

유화형 프렌치드레싱은 미국에서 개발되었다. 비네그레트소스에 마요네즈 등을 첨가한 화이트 프렌치드레싱과 여기에 케첩이나 파프리카 등을 추가한 레드 프렌치드레싱이 있다.

Caesar Dressing

시저드레싱

**부드러운
치즈의 맛**

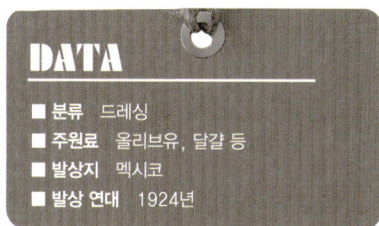

DATA
- 분류 드레싱
- 주원료 올리브유, 달걀 등
- 발상지 멕시코
- 발상 연대 1924년

올리브유, 달걀, 마늘, 소금, 후추, 레몬즙, 머스타드, 우스터소스, 파르메산치즈로 만들며, 여기에 안초비를 넣기도 한다. 멕시코에서 '시저스 플레이스'라는 레스토랑을 운영하던 시저 카르디니가 식당에 남은 식재료로 샐러드와 드레싱을 만든 것에서 유래했다.

Coleslaw Dressing

코울슬로드레싱

**은근하게 단맛도 느껴지는
산뜻한 산미**

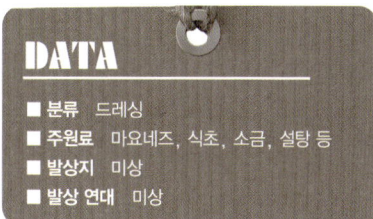

DATA
- 분류 드레싱
- 주원료 마요네즈, 식초, 소금, 설탕 등
- 발상지 미상
- 발상 연대 미상

잘게 썬 양배추로 만드는 코울슬로샐러드에 뿌리는 드레싱이다. 예전에는 샐러드유와 식초 또는 비네그레트소스를 사용했으나 지금은 대부분 마요네즈를 넣는다. 일본에서 판매되는 코울슬로드레싱에는 사과나 파인애플 과즙이 들어간 것도 있다.

Japanese Style Dressing

일본식 드레싱

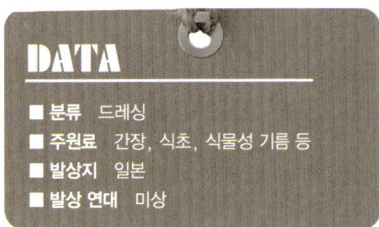

간장이 들어간
일본인 취향의 맛

DATA
- 분류　드레싱
- 주원료　간장, 식초, 식물성 기름 등
- 발상지　일본
- 발상 연대　미상

간장 베이스의 샐러드드레싱이다. 일반적인 일본식 드레싱은 간장, 식초, 식물성 기름으로 만든다. 여기에 참기름이 들어가면 중화식 드레싱으로 분류하기도 한다.

그 밖에 푸른 차조기[1]나 고추냉이를 넣은 것 등 종류가 다양하다. 샐러드에는 물론이고, 고기 요리나 채소볶음의 양념으로도 잘 어울린다.

Sesame Dressing

참깨드레싱

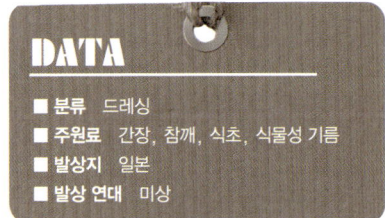

식욕을 돋우는
참깨의 고소함

DATA
- 분류　드레싱
- 주원료　간장, 참깨, 식초, 식물성 기름
- 발상지　일본
- 발상 연대　미상

간장, 식초, 식물성 기름에 참깨를 넣어 만들며 보통은 흰깨를 사용한다. 볶은 참깨를 넣으면 고소해지고, 마요네즈를 넣으면 농도가 진해져서 쉽게 점성이 생긴다.

생채소나 익힌 채소에 뿌려 먹는 용도 외에도 소면이나 우동 국물과 섞거나 샤부샤부 양념장으로도 쓸 수 있어 범용성이 높다.

Ranch Dressing

랜치드레싱

미국에서 인기 있는 농후한 드레싱

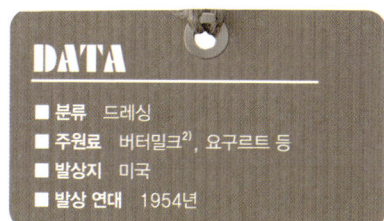

DATA
- 분류   드레싱
- 주원료   버터밀크[2], 요구르트 등
- 발상지   미국
- 발상 연대   1954년

랜치드레싱은 캘리포니아주의 목장(ranch)에서 제공되었다고 하여 붙여진 이름으로, 미국에서는 기본 드레싱이다. 버터밀크, 요구르트, 사워크림에 다진 샬롯이나 향신료 등을 넣어 만든다. 샐러드는 물론 프라이드치킨 딥소스로도 이용된다.

Russian Dressing

러시안드레싱

호스래디시의 매운맛이 포인트

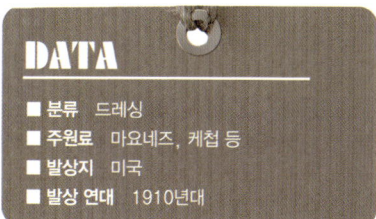

DATA
- 분류   드레싱
- 주원료   마요네즈, 케첩 등
- 발상지   미국
- 발상 연대   1910년대

마요네즈와 케첩에 호스래디시와 차이브, 향신료를 섞어서 만드는 매콤한 드레싱이다. 호밀빵에 콘비프 등을 끼워 넣은 루벤 샌드위치의 양념으로 사용된다. 처음에는 '러시안 마요네즈'라는 이름으로 판매되었으나, 러시아가 아닌 1910년대 미국에서 개발되었다.

찾아보기

명칭(원어표기)		브랜드	분류	원산지/발상지	쪽
간장	Ganjang	샘표	간장	한국	20
고이쿠치 쇼유	こいくちしょゆ	야마사	간장	일본	14
남빠	ນ້ຳປາ	ຄົນແບກກຸ້ງ	간장	라오스	28
남쁠라(멸치액젓)	น้ำปลา	티파로스	간장	태국	26
노추	老抽	이금기/해천	간장	중국	21
느억맘	NUOC-MÂM	친수	간장	베트남	27
다시 쇼유(맛간장)	だししょうゆ	테라오카	간장	일본	19
부두	Budu	Cap Ketereh	간장	말레이시아	28
사이시코미 쇼유	さいしこみ醤油	조큐간장	간장	일본	17
사시미 쇼유(회간장)	刺身しょうゆ	조큐간장	간장	일본	19
생추	生荡 · 生劦	해천	간장	중국	21
숏쓰루	塩魚汁	아키타	간장	일본	24
시로 쇼유	しろしょゆ	야마신	간장	일본	18
시시비시오(육장)	ししびしお (肉醬)		간장	중국	30
시아우	Sillao	키코	간장	페루	23
우스쿠치 쇼유	薄口醤油(うすくちしょうゆ)	히가시마루	간장	일본	15
위루	魚露		간장	중국	27
이시루	魚露	Yamato SoySauce &Miso Co., Ltd.	간장	일본	25
이카나고(까나리) 쇼유	イカナゴしょうゆ		간장	일본	25
케찹마니스	Kecap Manis	코키타	간장	인도네시아	22
콜라투라	Colatura		간장	이탈리아	29
쿠사비시오(초장)	くさびしお(章醬)		간장	중국	30
타마리 쇼유	たまり醤油	모리타	간장	일본	16
툭트레이	Tuk Trey		간장	캄보디아	29
몽골암염	Mongol rock	잠츠다우스	소금	몽골, 러시아	42
블루솔트(암염)	Blue Rock	산체스	소금	이란	42
사해 소금	Dead Sea Salt		소금	이스라엘, 요르단	43
산소금	Mountain Salt		소금	중국, 일본 등	45
안데스 핑크솔트	Andes Ruby Rock Salt		소금	안데스산맥	41
우유니 소금사막	Uyuni Salt		소금	볼리비아	44
자연 해염 가공	Natural Processing Sea Salt		소금	미상	39
정제염	Ion Exchanged Salt, 精製鹽		소금	일본	39

명칭(원어표기)		브랜드	분류	원산지/발상지	쪽
천일염	Sun-dried Salt, 天日鹽		소금	미상	38
칼라나마크 (히말라야 블랙솔트)	Kala namak, Black Salt		소금	인도	41
크리스털솔트	Crystal Rock Salt		소금	파키스탄, 독일	40
트러플 소금	Truffle Salt	사비니	소금	이탈리아, 프랑스 등	46
핑크솔트	Pink Rock Salt		소금	파키스탄	40
해조소금	Seaweed Salt	아마비토 노 모시오	소금	일본	45
허브 소금	Herb Salt	JANE'S Krazy Mixed Up Salt	소금	미상	47
히라가마 소금	Flat Pot Sea Salt		소금	일본	38
니하이즈(이배초)·산바이즈(삼배초)	にはいず(二杯酢)·さんばいず(三杯酢)		식초	일본	64
도사즈	とさず(土佐酢)		식초	일본	64
맥아식초	Malt Vinegar		식초	영국	59
발사믹식초	Balsamic Vinegar		식초	이탈리아 북부	60
백식초	White Vinegar		식초	미상	59
보리흑초	Black Malt Vinegar		식초	미상	58
술지게미식초	Red Vinegar	코하쿠	식초	일본	55
쌀식초	Rice Vinegar	오타후쿠	식초	중국	54
애플사이다식초	Apple Cider Vinegar		식초	미상	62
와인식초	Wine Vinegar		식초	유럽	61
율무식초	Job's Tears Vinegar		식초	미상	58
폰즈	Ponzu	오타후쿠	식초	일본	63
향초	Kozu		식초	중국	57
흑초	Black Vinegar	우치보리	식초	일본	56
그래뉼러당	granulated sugar		설탕	미상	70
머스코바도	Muscovado		설탕	인도	73
비트 슈거	Beet Sugar	나우 푸드(Now Foods)/데일리썬	설탕	미상	75
삼온당	三温糖	바라지루시	설탕	일본	72
상백당(백설탕)	上白糖	바라지루시	설탕	일본	72
정백당(흰설탕)	Caster Sugar, 白ザラ糖	자라메설탕	설탕	미상	71
케인 슈거	Cane Sugar	홀썸(Wholesome)	설탕	미상	74
황설탕	ちゅうざらとう(中ザラ糖)	자라메설탕	설탕	미상	71
고메미소	こめみそ(米みそ·米味噌)		미소된장	일본	82
마메미소	まめみそ(豆みそ味噌)		미소된장	일본	84
모로미미소	もろみみそ		미소된장	일본	85
무기미소	むぎみそ(麦みそ·麦味噌)	훈도킨	미소된장	일본	83
소테츠미소	蘇鉄みそ		미소된장	일본	86
XO소스	XO Sauce	대화 / 이금기	장	홍콩	98

147

명칭(원어표기)		브랜드	분류	원산지/발상지	쪽
계화장	桂花醬		장	중국	97
고추장	Gochujang		장	한국	100
된장	Doenjang		장	한국	101
두반장	豆板醬	이금기/총반려	장	중국	91
두시장(더우츠장)	豆鼓醬	이금기	장	중국	97
라자오장(쿠자오장)	辣椒醬		장	중국	96
루주 소스	乳猪醬		장	중국	99
마라장	麻辣	이금기/유키	장	중국	99
사차장(사차장)	沙茶醬	대화	장	중국	98
쌈장	Ssamjang		장	한국	102
지마장(즈마장)	芝麻醬	왕즈허	장	중국	93
첨면장(티엔미엔장)	甜面醬	총반려	장	중국	92
하장	蝦醬	이금기	장	중국	95
해선장(하이센장)	海鮮醬	이금기	장	중국	94
굴소스	Oyster Sauce	이금기	소스	중국	110
그레이비소스	Gravy Sauce	맥코닉/하인즈/크노르	소스	미국	123
마요네즈	Mayonnaise	큐피	소스	스페인	111
망고 처트니	Mango Chutney	지타스	소스	인도	126
머스터드	Mustard	하인즈/폰타나/MAILLE/마이어	소스	고대 이집트	125
바비큐소스	BBQ Sauce	하인즈/헌트/불스아이	소스	미국	114
베샤멜소스	Bechamel Sauce	매기/크노르/토미	소스	프랑스	120
살사 소스	Salsa	커클랜드/라코스테냐/프리토레이	소스	멕시코	122
삼발 소스	Sambal Sauce	코키타	소스	인도네시아	117
아이올리 소스	Aioli Souce	하인즈	소스	지중해 연안	112
아지카	Ajika	트레이더조/타타펠라	소스	아르메니아, 아제르바이잔, 조지아, 러시아	129
우스터소스	Worcestershire Sauce	리앤페리스/하인즈	소스	영국	108
우스타소스식(중농·돈가스)	Worcester Sauce	불독	소스	일본	109
칠리소스	Chili Sauce	하인즈	소스	미상	116
칵테일소스	Cocktail Sauce	하인즈	소스	미국	118
타르타르소스	Tartar Sauce	큐피/맥코믹/퀴네	소스	프랑스	119
타바스코 페퍼소스	Pepper Sauce	메킬레니사(Mcilhenny Company)	소스	미국	115
토마토소스	Tomato Sauce	디벨라/데체코	소스	멕시코 및 중앙아메리카	121
토마토케첩	Tomato Ketchup	하인즈	소스	미국	113
트케말리	Tkemali	포모나(Pmona)	소스	조지아	127
하리사	Harissa	벨라주/카르타고	소스	인도	128

명칭(원어표기)		브랜드	분류	원산지/발상지	쪽
호스래디시 소스	Horseradish Sauce	크래프트/콜맨	소스	독일	124
가리비 다시	ホタテ だし	요우키	맛국물	미상	137
가쓰오부시 다시	鰹節		맛국물	일본	133
니보시 다시	煮干出汁	카야노야	맛국물	일본	133
다시마 국물	昆布だし		맛국물	일본	134
닭 뼈 육수	鶏がら	아지노모토	맛국물	미상	136
돼지 뼈 육수	豚骨	야타이 백탕(분말스프)	맛국물	미상	136
부용	Bouillon		맛국물	프랑스	135
새우 다시	エビ だし		맛국물	미상	137
소 뼈 육수	牛骨		맛국물	미상	135
표고버섯 국물	しいたけだし		맛국물	일본	134
랜치드레싱	Ranch Dressing	히든 밸리(Hidden Valley)	샐러드드레싱	미국	145
러시안드레싱	Russian Dressing	위시본(Wish Bone)	샐러드드레싱	미국	145
사우전드 아일랜드 드레싱	Thousand Island Dressing	웰든팝스	샐러드드레싱	미국	141
시저드레싱	Caesar Dressing	맥코믹/큐피	샐러드드레싱	멕시코	143
이탈리안드레싱	Italian Dressing	퀴네(Carl Kühne KG)	샐러드드레싱	미국	141
일본식 드레싱	Japanese Style Dressing		샐러드드레싱	일본	144
참깨드레싱	Seame Dressing	큐피	샐러드드레싱	일본	144
코울슬로드레싱	Coleslaw Dressing	청정원/오뚜기	샐러드드레싱	미상	143
프렌치드레싱	French Dressing	큐피/웰든 팜(Walden Farms)/위시본(Wish Bone)	샐러드드레싱	미국	142

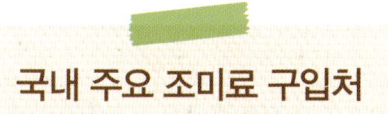

국내 주요 조미료 구입처

니혼마트(NIHON MART) www.nihonmart.com
국내 최다품목, 일본 식자재 판매

조큐간장 www.jokyu.co.kr
일본의 150년 이상의 전통으로 만든 명품간장을 수입하여 국내 총판

마루코메 smartstore.naver.com/marukome
일본 미소된장업계 1위 기업 마루코메 제품을 국내 공식 온라인 판매

이금기 kr.lkk.com
홍콩의 글로벌 소스 브랜드로 굴소스를 시작으로 220여 종류의 소스 및 양념 판매

미주

간장

1) 영양소부터 식자재, 일본 요리는 물론이고 외국 요리의 조리법까지 총망라된 책 _11쪽
2) 대두와 소맥분을 발표시켜 만든 것으로 거르기 전의 간장, 술을 가리킨다. _12쪽
3) 金山寺みそ. 미소된장의 '모로미미소' 항목(85쪽) 참고 _18쪽
4) 조선간장이라고도 부르는 재래식 간장이며 집에서 만들어 먹었다고 해서 집간장이라고도 한다. _20쪽
5) 본래 진간장은 원래 국간장을 오래 묵혀 진하고 단맛이 나는 간장이라고 하는데, 요즘의 진간장은 양조간장 중에서 진한 간장을 뜻하기도 한다. _20쪽
6) 키코(Kikko)에서 생산, 판매하는 상표명이나 페루에서는 간장을 뜻하는 스페인어 'Salsa de soja' 보다 시야우(Siyau)를 주로 쓴다고 한다. _23쪽
7) 우리나라의 경우 주세법 개정으로 2021년 1월부로 조미용 주류가 과세 대상에서 제외되었다. _31쪽

식초

1) 국내에 식초가 처음 제조된 시기에 대한 정확한 기록은 없다. _53쪽
2) 양로율령(養老律令). 718년 제정, 757년 시행된 기본 법령이다. _53쪽
3) 한국의 식품공전에는 식초의 분류를 식품 유형에 따라 발효식초와 희석초산으로만 크게 구분한다. 빙초산 사용 여부에 따라 구분하는 듯하며, 발효식초는 다시 양조식초와 천연발효식초로 구분하는데, 이것은 식품공전에서 분류하는 내용은 아니며 일반 대중에서 주정 사용 여부에 따라 주정을 사용하면 양조식초, 그렇지 않으면 천연발효식초로 구분하는 것으로 보인다.(출처: 식품의약품안전처, 식품 및 식품첨가물공전 제5. 식품별 기준 및 규격 13. 조미식품) _53쪽

설탕

1) 사탕수수, 사탕무 따위의 식물에 들어 있는 이당류의 하나로 흰색 고체로 되어 있으며, 물에 잘 녹으며 단맛이 난다. _68쪽
2) 설탕을 염산으로 분해하여 포도당과 과당으로 만든 것 _68쪽
3) 한국의 경우 처음 설탕이 전해진 시기는 명확하지 않으며, 삼국시대에 당나라로부터 전해진 것으로 추측한다고 한다. 또한 설탕에 관한 기록은 고려 명종 때 문인인 이인로(1152~1220)의 『파한집』에 처음 기록된 것으로 알려져 있다.(출처: '한국 제당 산업 발전사', 박종진(삼양사 식품바이오 연구소), 「식품과학과 산업」, 2021년 6월호) _69쪽

미소된장

1) 니혼산다이지쓰로쿠(日本三代實錄). 일본 율령시대의 정사인 육국사의 하나로 헤이안시대 세이와천황, 요제이천황, 고코천황 3대의 재위기인 858년부터 887년까지의 역사를 기록하고 있다. _80쪽

장

1) 논어 향당편의 '할부정(割不正)이면, 불식(不食)하고, 부득기장(不得其醬)이면 불식(不食)하다.'이다. _90쪽
2) 중국의 장은 주로 육장이었고, 콩으로 만든 장은 오히려 한국에서 만들기 시작하여 중국으로 건너갔다는 견해가 있기도 하다. _90쪽

소스

1) 우스터소스가 우리나라에 소개된 것은 1980년대의 일로, 연합식품㈜에서 우스터소스를 최초로 선보였고, 오뚜기에서는 1984년 '우스타소스'라는 이름으로 출시했다고 한다. _109쪽
2) 100년 전통의 기업으로 마요네즈와 드레싱 부문에서 일본 시장 점유율 1위이다. _111쪽
3) 한국의 경우 1972년 오뚜기의 전신 풍림식품공업주식회사가 국내 최초 마요네즈를 생산했다. _111쪽
4) 국내에는 1930년대 일본을 통해 보급되었고, 1971년 처음 생산하였다. _113쪽

맛국물

1) 오쿠사도노요리 소덴노키키가키(大草殿より相伝之聞書). 무로마치 시대에 시작되었다고 추정되는 일본요리의 유파, 오쿠사 유파의 요리 비법서라고 한다. _132쪽
2) 마콘부는 홋카이도 하코다테 근해에서 수확되는 최고급 다시마를 가리킨다. 마콘부와 리시리콘부, 라우스콘부, 히다카콘부는 한국의 '기장 다시마'처럼 지역명이 붙어 고유명사화되었기에 콘부를 그대로 사용한다. _134쪽

샐러드드레싱

1) 중국이 원산지인 차조기는 들깨와 비슷하다. 특히 푸른 차조기는 일본 요리에 많이 사용된다. _144쪽
2) buttermilk. 버터 제조 중에 부산물로 얻어지는 버터밀크(영양 많은 액체 혼합물)에 산 생성 젖산균과 풍미 생성 젖산균을 스타터로 접종하여 발효시킨 후 응고된 커드를 분쇄하고 액상화하여 만든 대표적인 산성우유. _145쪽

SEASONING
알면 더 맛있는

초판1쇄 발행 2021년 11월 15일
초판3쇄 발행 2025년 5월 15일

글 실업지일본사
감수 스즈키 유키(일본어판)
옮긴이 이승원

편집주간 이동은
편집 김주현, 성스레
미술 임현아, 김숙희
마케팅 김상권, 장기석
제작 박장혁, 전우석

발행처 북커스
발행인 정의선
이사 전수현

출판등록 2018년 5월 16일 제406-2018-000054호
주소 서울시 종로구 평창30길 10 (03004)
전화 02-394-5981~2(편집) 031-955-6980(마케팅)
팩스 031-955-6988

ISBN 979-11-90118-29-3 (13590)

- 값은 뒤표지에 있습니다.
- 파본이나 잘못된 책은 구입하신 서점에서 교환해 드립니다.